検証・テレワーク

――「働き方改革」との関連から考える

〈目次〉

【第一部】検証・テレワーク

【第二部】

第一部　検証・テレワーク

テレワークの常態化から「ジョブ型」雇用をめざす電機業界

電機・情報ユニオン書記長　森《もり》　英一《えいいち》

大手電機メーカーは、二〇二〇年四月の緊急事態宣言が検討開始された二月頃から、テレワーク（在宅勤務）を一気に広げ、現在も継続しています。労働者からは「この間、出社は数回のみ」「同僚との会話はまったくない」などの声が出されるほど、かつてない労働スタイルとなっています。また、テレワークの導入が、労使協議が不十分なもとで強行されたため、労働環境の不備、不規則な労働、コミュニケーションの欠如、心身の健康悪化やテレワークうつ、サービス残業、労働者の費用負担、業務の多忙など、様ざまな問題が顕在化しています。

●テレワーク勤務は七～八割にのぼる

テレワーク勤務の状況をＮＥＣ（連結社員約一一万人）の事例で報告します。ＮＥＣは二〇二〇年五月に社員の約六万人を対象に調査を実施しました（回答者三万五二六四人、回答率六二％）。

調査によると、出社率は全体で二四％程度であり、「基本的に出社せず」が五九％、「週に一日出社」が一二％の合計七一％になっています（図1）。

最も出社率が低い新事業の創出部門（回答者一五二名）では、「基本的に出社せず」が六八％、「週に一日出社」が一三％の合計八一％にのぼっています。最も出社率が高いのが高いセキュリティを要する航空宇宙・防衛に関連する部門（回答者四三八名）で、「基本的に出社せず」が八％、「週に一日出社」が三％の合計一一％に留まっています。

現時点でのＮＥＣの勤務状況は、前述した二〇二〇年五月の調査時と変わらずにテレワーク勤務は七～八割にのぼり、同業他社もほぼ同程度であると推測しています。

図1　テレワークの状況：NECの例

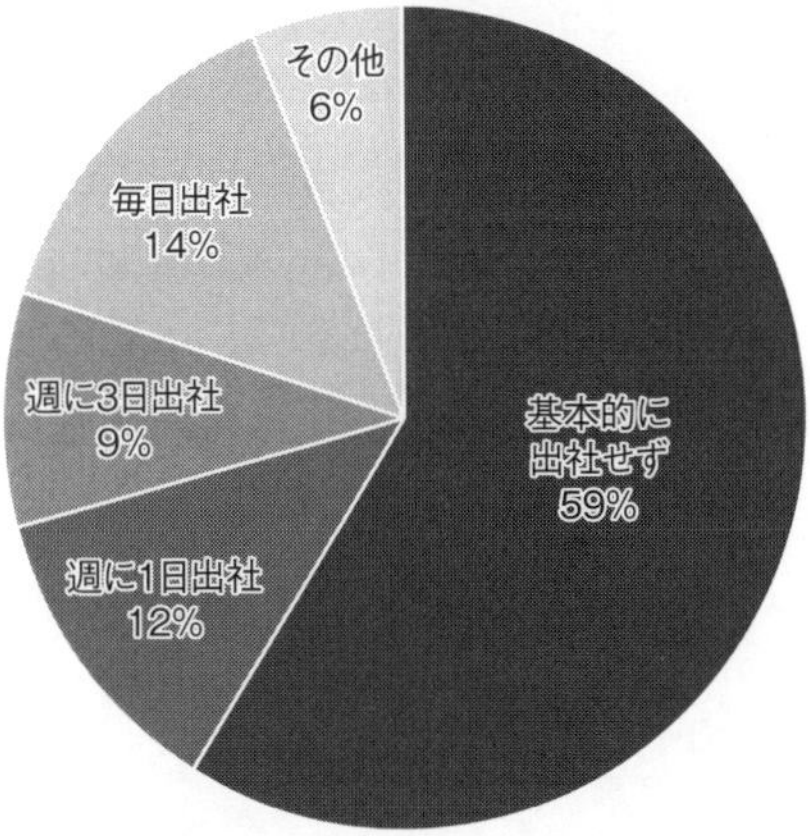

今後のテレワーク勤務の動向を示唆する事例として、日立製作所が二〇二〇年七月に発表した「新型コロナウイルスが収束した後も、二〇二一年四月以降は『週に二～三日、（勤務日の）五〇％程度を在宅勤務』」「在宅勤務活用を標準とした働き方の正式適用を四月から実施予定」があげられます。

●労働者の意識：六割以上がリモートワーク併用を希望

在宅勤務を行った労働者からは、「通勤時間がなくなり、生活にゆとりができた」「通勤でのコロナ感染の心配がなく

図２　今後の希望勤務形態：
日立システムズの例

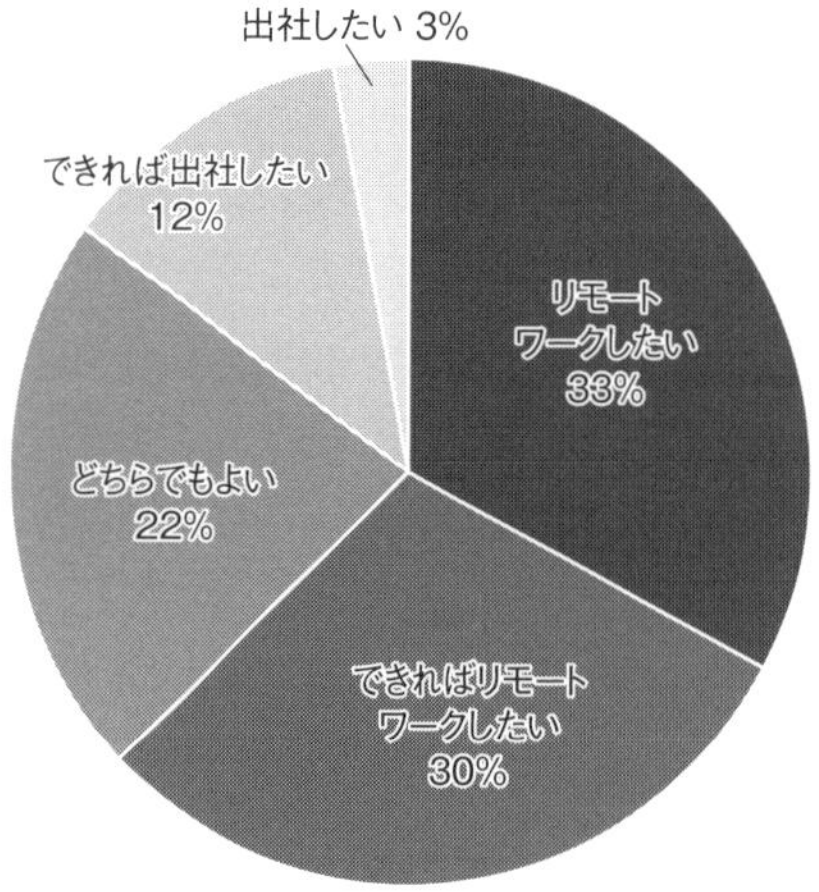

図３　リモートワークの希望頻度：
日立システムズの例

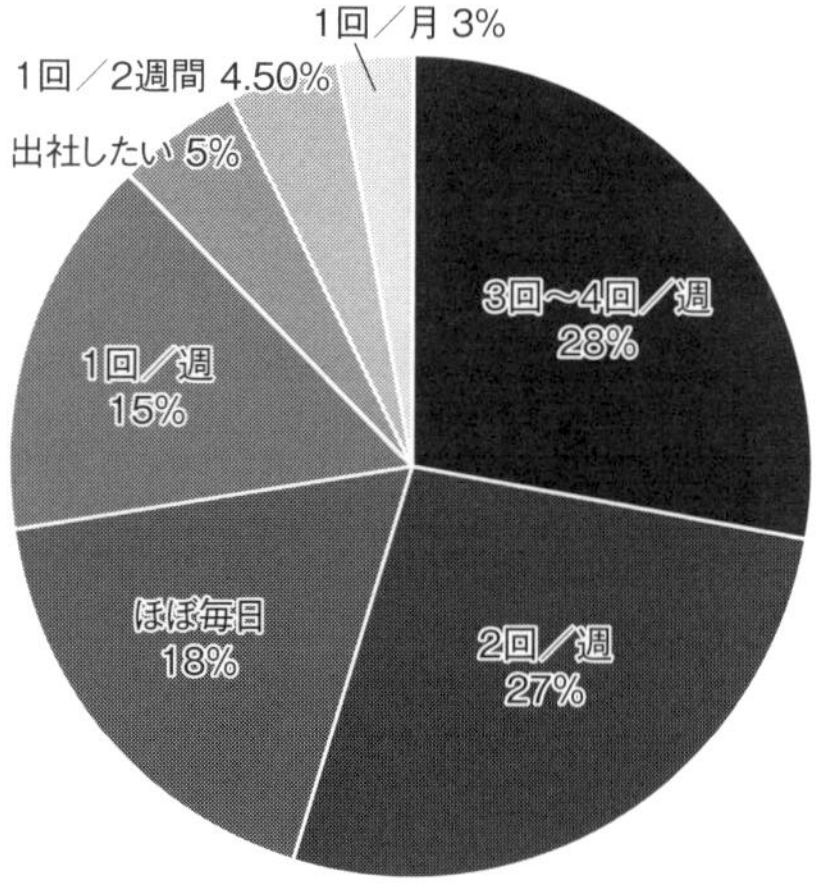

なった」「家族との触れ合いが増えた」などの歓迎の声が多く出されています。

日立製作所の一〇〇%子会社の日立システムズ（連結社員：一万八六九八人）が二〇二〇年一一月に社員約一万人を対象に実施した調査（回答者八八〇九人、回答率九一・七%）によると、「今後の希望勤務形態について」は、「リモートワークしたい」が三三%、「できればリモートワークしたい」が三〇%の合計六六%となっています（図2）。

「リモートワークの希望頻度について」は、「三回〜四回／週」が二八%、「二回／週」が二七%、「ほぼ毎日」が一八%、「一回／週」が一五%、「出社したい」が五%、「一回／二週間」が四・五%、「一回／月」が三%となっています（図3）。

●自宅が勤務地になる

ＮＥＣは、ＣＯＶＩＤ―19の影響により、出社を前提としたこれまでの働き方から「新しい働き方」に移行するとし、働く場所は「自宅」と「会社（勤務場所）」の両方にするとしています。

ルネサスエレクトロニクスは、「勤務地は自宅」を原則とし、出社する際には理由書を提出し上司承認を得ての「出張」扱いとしました。本来「自宅」は自由な時間を有する私的な「生活空間」でしたが、会社が一方的に労働者の合意なしに「勤務地・場所」としたため、切実な問題が発生しています。

「勤務地が自宅」になったことにより、「家族との関係で空間的に、作業環境に適していない」「仕事と生活、気分転換がうまくできない」「長時間、座りっぱなしで疲れる」「心身のリフレッシュが難しく日々疲労が蓄積されていく」「仕事ができるので、いつまでも仕事してしまう。疲れが翌日に残る」「自分の食事準備も含めて家事が負担になっている」など、切実な声が出されています。

図4　テレワークで困っていること：2021年春闘生活改善要求アンケートの回答結果

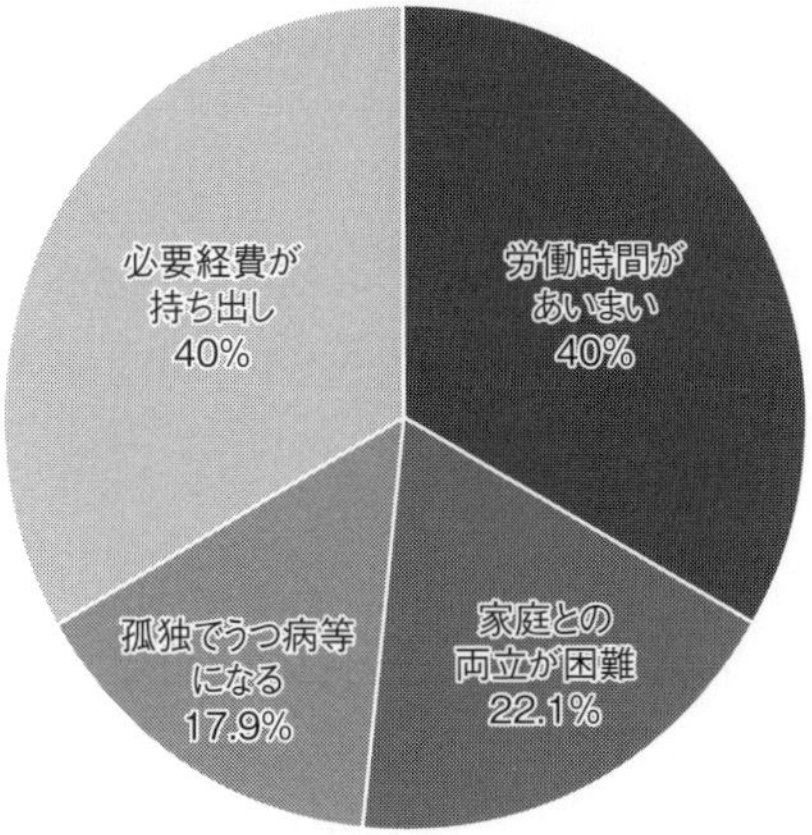

「会社が勤務地」でなくなったことにより、「同僚とコミュニケーションが取りにくい」「他の人が何をやっているのか、良くわからない」「人との接触がなくなり、時々、孤独感に襲われる」「上司から、始終、カメラで監視されているようだ」など、深刻な声が出されています。

●テレワークうつが広がる

コロナうつが女性や子どもたちへの広がりや自殺者

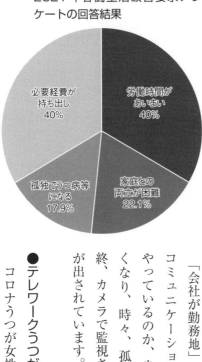

表1　テレワーク手当など

企業名	対象者	月当りの補償額	手当名など
日立製作所	全社員	3000円	在宅勤務感染対策補助手当
富士通	全社員	5000円	スマートワーキング手当
沖電気	全社員、契約社員	3000円	テレワーク手当
ルネサスエレクトロニクス	在宅勤務者	3000円	

の増加などの社会問題になっていますが、テレワークうつも深刻な様相になっています。

電機・情報ユニオンと電機労働者懇談会が全国の電機職場門前で一万二九八五枚を配布した二〇二一年春闘生活改善要求アンケートの回答（二二六通）では、テレワークで困っていることの設問に対して、「孤独でうつ病等になる」の回答が一七・九％（六人に一人以上の割合）にものぼっており、テレワークにおけるメンタルヘルス対策の重大性が浮き彫りになっています（図4）。

労働者へ精神的ストレスを与える要因として、前述した「自宅が勤務地になる」ことに起因するストレスをベースにして、「日頃のプロセスが考慮されず、成果のみで評価され、上司の恣意的な評価が強まるのではないか」「成果が出しづらい業務なので、減額になるのでは」「テレワーク中の仕事の成果が上司に認められないと、今後テレワークが認められないのでは」などの評価に対する不安とストレス、「残業代がつかなくなり、月の収入が大幅減少」「出勤日が週五日から週二日になり、時給のため、生活できない」などの経済的なストレスがあげられます。

●会社は労働者費用負担を補償せよ

多くの労働者から、「電気、エアコン、ネット通信、電話代がすべて自前。補償してもらいたい」「ディスプレイの画面が小さく疲れる。パソコンの動作速度が会社で作業するより遅く、効率が落ちた。パソコン、ディスプレイなどを支給してもらいたい」などの要望が多数出されています。会社が「自宅を勤務地」にしたのですから、自宅の作業環境は会社責任で整備すべきことですが、会社補償は数社にとどまり、その補償額も不十分です。

電機大手での補償は、日立や富士通、沖電気、ルネサスエレクトロニクスなどが行っていますが、その補償額は月額三〇〇〇～五〇〇〇円と、労働者が負担している費用に比べては不十分です（表1）。パナソニック、東芝、三菱電機、NECなどでは行っておりません。

「労働者の費用負担は、会社が補償せよ。増額をはかれ」の声を広げることが求められています。

●コロナ便乗リストラを許すな

二〇一一年以来、安易な人減らしリストラを繰り返してきた電機産業の経営陣は、コロナ危機に便乗して、大型の人減らしリストラや常時リストラの策動を始めています。

東芝は九月二九日、システムLSI事業からの撤退に伴い、子会社・東芝デバイス&ストレージのシステムデバイス事業統括部・スタッフ部門・営業部門などで、人員の再配置や早期退職優遇制度の実施により七七〇名の削減を発表。OKI（沖電気）は一〇月二九日、国内外のプリンター事業の従業員を二〇二〇年四月までに約一〇〇〇人を削減すると発表しました。ソニーエンジニアリングの社長は一〇月二四日、早期退職制度の社内説明会をオンライン会議で行い、退職強要面談を強行しています。また、常時リストラを行っている日立関連の労働者は、「追い出し部屋」のキャリアサポートに押し込まれ、部長から「仕事をやっていないのだから、会社を辞めてもらいたい」と退職強要を繰り返し受けています。

テレワークなどで労働者間の対話や連帯が断ち切られるなかで、退職強要の各個攻撃が強まる土壌が広がっていることが危惧されます。

電機・情報ユニオンは、退職強要問題で相談にきたソニーエンジニアリング、日立製作所、三菱電機などの労働者と一緒になり、労働局への助言・指導の申出、団体交渉、記者会見などに取組み、退職強要をはね返して労働者の雇用を守るために力を尽くしています。

●テレワークの常態化から、ジョブ型雇用への策動

電機業界は、在宅勤務制度の導入を一九九九年から行い、二〇一八年からは二〇二〇年東京オリンピック・パラリンピック大会にむけた政府キャーンペーン「テレワーク・ディズ」を大々的に取り組みました。NECでは二〇一九年には、六万人が参加しました。今回の新型コロナウイルス感染拡大に便乗したテレワークの普及を梃《てこ》にして、財界が狙う「ジョブ型雇用」への移行の動きを強めています。その先陣を切っているのが、経団連会長を送り出している日立製作所です。

日立製作所は、社員二万三〇〇〇人を対象に、二〇二一年四月から本格導入するとして、労使での条件整備を進めています。二〇二一年の春季労使交渉に関するマスコミインタビューを受けた、ジョ

ブ型雇用の推進責任者である中畑英信執行役専務は「短期的な賃金の話よりも、将来をにらんだジョブ型の議論が大切だ。一七年から労使で二〇回近い議論を重ね、必要性は共有できている。九月にはすべてのポストの職務定義書（ジョブディスクリプション）が完成する。今年は社員がジョブ型を自分事として捉えてみずからのキャリアを主体的に考える、行動変革の一年にしたい」と述べています。なお、日立グループ労組は「多様な人材が能力を十分に発揮することにおいてジョブ型が重要だと認識した（中畑専務）」とする対応を示しています。

富士通は、二〇二〇年四月から、国内の課長級以上の一万五〇〇〇人を対象に導入し、二〇二一年度中には一般社員（六万五〇〇〇人）への展開にむけた労働組合との議論をスタートさせるとしています。ＮＥＣは二〇二〇年一一月、「これからの働き方改革」と称して「適時・適所・適材」の実現に向けた評価・報酬制度の見直し＝ジョブ型処遇制度を労働組合に提案しました。

「ジョブ型雇用」制度の問題点や危険性を労働者に広く知らせる政策宣伝を強め、「ジョブ型雇用」制度の導入を阻止する取組みが求められています。電機・情報ユニオンと電機労働者懇談会は、成果主義賃金や「ジョブ型雇用」制度を批判し、生計費原則に基づく賃金制度のあり方を提言する「賃金処遇制度政策提言」冊子（六〇ページ）を二月に発行し、その学習と普及活動に取り組んでいます。

●テレワークガイドラインを履行せよ

テレワークにおいて、労働者の労働条件、健康、生活を守るうえで指針になるのが、厚労省が二〇一八年二月二二日に発出した「情報通信技術を利用した事業場外勤務の適切な導入及び実施のためのガイドライン（以降、テレワークガイドラインと略します）」です。

テレワークガイドラインは、企業がテレワークを導入する際に、導入の目的、対象となる業務および労働者の範囲、作業環境、費用負担などについて、労使で十分に協議することを求めています。また、労働基準関係法令（労働基準法、最低賃金法、労働安全衛生法、労働者災害補償保険法など）が適用され、遵守することになっています。

テレワークガイドラインの第一は、労働条件の明示です。具体的には、「使用者は、労働契約を締結する際、労働者に対し、賃金や労働時間のほかに、就業の場所に関する事項等を明示しなければならない」としています（労働基準法第一五条、労働基準法施行規則第五条第一項第一の三号）。

しかし、テレワークの実態は、テレワークガイドラインに基づく「労働条件の明示書」が会社から誰一人として発行されず、労働関係法令を無視した無法状態で行われているといえます。

電機・情報ユニオンは二〇二〇年三月、厚生労働省に対してテレワークガイドラインの周知徹底を要請交渉し、今年の三月にもこの間の状況を付加して要請する予定です。各企業に対しては、テレワークガイドラインの履行を呼びかける門前宣伝行動に取り組んでいます。

●テレワークがサービス残業の新たな温床に

テレワーク（在宅勤務）を行っている労働者から、「仕事と生活の区別があいまいになる」「会社より長時間労働になる」「残業時間の申告を行っていない」などの労働時間に関する声が出されており、新たなサービス残業の広がりが懸念されます。

二〇一六年、長時間労働による過労死事件が頻発して大きな社会問題になりました。厚生労働省は二〇一七年一月二〇日、労働時間の自己申告制が不適正な運用により違法な過重長時間労働や割増賃金の未払いを誘発しているとし、「労働時間の適正な把握のために使用者が講ずべき措置に関するガイドライン」を策定しました。労働時間の適切な管理は「使用者」の責務とし、「使用者」が講ずべき措置を明示し、労働時間は「使用者の明示又は黙示の指示により労働者が業務に従事する時間」と定め、使用者は「始業・終業時刻を確認し、適正に記録」し、「現認することにより確認する」としています。

テレワークでも、使用者は本ガイドラインを遵守することが必要ですが、多くの企業では、労働時間管理が始業・終業を上司に報告するなどの「自己申告制」となっています。「パソコンのＯＮ（始業）／ＯＦＦ（終業）」などの客観的な時間管理を行っている企業は富士通、ＮＥＣなどの少数にとどまっており、すべての企業が「パソコンのＯＮ／ＯＦＦ」管理へ速やかに移行することが必要です。また、「上司の評価が気になり、残業時間が申告しにくい。サービス残業になっている」の声もあがっています。

電機大手の二〇二〇年度第３四半期（四月一日～一二月三一日）の決算の「販売費及び一般管理費」を前年度比で数％～十数％（二〇一億～二〇六八億円）も減らしています。減額分の多くは、交通費と残業代が減額したことによると推測され、残業代の減額に関連して、サービス残業が発生しているのではないかと懸念されます。テレワークをサービス残業の新たな温床にしないためには、職場での行動と監視を強めて、残業時間をきちんと申告できる職場環境づくりが求められています。

表2　2020年度第3四半期決算（4月1日～12月31日）の「販売費及び一般管理費」

企業名	連結社員（人）	2020年度 2020年4月1日～12月31日	2019年度 2019年4月1日～12月31日	前年同期比
日立製作所	301,056	1兆2673億6300万円	1兆2099億8600万円	▲573億7700万円
パナソニック	259,385	1兆3940億9600万円	1兆1873億0500万円	▲2067億9100万円
富士通	129,609	6411億8000万円	6121億1400万円	▲290億6600万円
ＮＥＣ	112,638	5410億0900万円	5209億1200万円	▲200億9700万円

●テレワークを含めた労働組合運動の前進を

政府の「働き方改革」の推進や財界がめざす「ジョブ型雇用」制度の意向と、今回のテレワークの実施状況から、今後、テレワークが働き方の一つの主要なスタイルになることが想定されます。

労働者の権利と生活を守り前進させるテレワークにしていくには

☆テレワークの選択は、労働者の希望により選択でき、同意のもとで行う

☆労働法制の規制緩和や破壊を許さず、テレワークガイドラインや労働基準法などの労働関連法規を遵守させる

☆テレワークに関わる労働者の費用負担は、その全額を会社に補償させる

などの取組みが重要です。

電機・情報ユニオンは、これまでの出社を前提とした労働組合運動から、テレワークを含めた運動を模索探求し、労働者の要求実現に力を尽くしてゆく所存です。

〈コラム①〉　テレワーク、リモートワーク、モバイルワーク

テレワーク、リモートワーク、在宅勤務と様ざまな言葉が使われます。

「テレワーク」は、「離れた場所」を意味するteleと「働く」を意味するworkの造語です。他方「リモートワーク」のremoteも「遠隔」です。リモートワークは会社から離れた場所で行うという「場所」の点に力点をおくのにたいし、テレワークの方は、情報通信技術を駆使して、「時間」の面でもフレキシブルな場合に用いる、という説明がなされることもありますが、実態として大差はありません。

これにたいして「モバイルワーク」は、やや意味が違います。mobileは「可動性がある」という意味で、小型ＩＴ機器などを用いる社外の仕事ですが、営業職や保険外交員のように、業務の性格上、客先での仕事が必要な職務に対して用いられます。

「在宅勤務」は、文字通り「在宅」というように勤務場所が指定されます。通常の勤務時間にあわせて厳格に行われる場合は「時間と場所にとらわれない柔軟な働き方」にはなりません。

いずれの場合も、実際の勤務時間の把握が困難なことや、事務所経費の一部を労働者に負担させていること、そして労災時にその業務起因性をみずから証明しなければならないなどの問題をかかえています。（「学習の友」編集部）

二四時間・三六五日働かせるＩＴ企業のテレワーク

ＪＭＩＴＵ日本アイビーエム支部書記長　杉野《すぎの》　憲作《けんさく》

典型的なＩＴ職場である日本ＩＢＭでは、従来からテレワーク・在宅勤務が実施されてきました。その環境を背景にして、コロナ禍をきっかけに在宅勤務が全社員の九割にまで急拡大。その結果、ＩＴエンジニアを中心に二四時間×三六五日の働き方が広がっています。どうしてそういうことになるのか、日本ＩＢＭを代表例にテレワークとその問題点を見ていきたいと思います。

●日本ＩＢＭでのテレワーク導入経過

日本ＩＢＭはＩＴ技術を売る会社として、働き方もＩＴ技術を売り込むための宣伝材料に使ってきたのです。一九九〇年代前後から以下のような経緯をたどって「ｅ‐Ｗｏｒｋ」という名のテレワーク制度の導入が進められてきました。

（1）全社員にパーソナル・コンピュータを導入し、メールアドレスを付与
（2）タイムカードを廃止し、自己申告による勤務時間管理に変更
（3）会社通達や帳票作成、稟議《りんぎ》書、書類保存などをコンピュータ処理に切り替え
（4）全社員の電話を固定電話から携帯電話に切り替え
（5）あらゆるビジネスをインターネットで実施する「ｅ‐Ｂｕｓｉｎｅｓｓ」を宣伝文句に採用
（6）社員の働き方も宣伝材料とすべく「ｅ‐Ｗｏｒｋ」制度を導入
（7）オフィスをフリーアドレスに改装し、固定席を撤廃

ｅ‐Ｗｏｒｋは、書類などを家に持ち帰る「持ち帰り残業」の範疇をはるかに超え、コンピュータを使って自宅で日常の仕事を行うという意味合いを持っています。当初は、仕事の自己管理ができる高い職位の人に限定され、しかも事前に会社に申請し、認められた日だけｅ‐Ｗｏｒｋを実施してよいというものでした。しかし、制度が運用されるに従って営業部員をはじめとしてＩＴエンジニアやコンサルタント、事務職など、幅広い職種、さらに職位の低い人にも利用が拡大し、働き方の管理があいまいになっていきました。さらに、常に従業員全員が来るわけでもないオフィスはフリーアドレス化され、コロナ禍になる前から約八割分の席しか用意されなくなっていました。したがって、コロナ禍以前から、もし従業員全員が一斉に出社したら居場所がない人が出てくる状況になっています。

●テレワークの二四×三六五問題

ｅ‐Ｗｏｒｋ導入に先立ち、日本ＩＢＭはタイムカードを廃止して自己申告による勤務時間管理に変更しました。さらにＩＴエンジニアやＩＴコンサルタントには「裁量労働制」を導入。いわゆる「残業」という概念を取り払いました。自己申告による勤務時間管理と裁量労働制、これにさらにｅ‐Ｗｏｒｋが合体することで、プロジェクトで働くＩＴエンジニアやＩＴコンサルタントは二四時間×三六五日働くことが普通になってしまいました。締め切りに追われ、もともと忙しいプロジェクト労働です。いつでもどこでもパーソナル・コンピュータを持ち歩き、家でも出張先でも休日でもかまわず仕事をせざるを得ない状況に追い込まれていったのです。これをテレワークの二四×三六五問題と呼びたいと思います。

本来であれば裁量労働の平日深夜や休日の労働には残業代がつきます。しかし、成績を気にして自分をよく見せたいという人がでてきます。あえて、こうした手当を申請せず、自己責任で仕事をする人が増えるにしたがって、日本ＩＢＭにはメンタル疾患者が異常に多くなりました。テレワークの二四×三六五問題は、従業員のメンタル疾患に深くかかわっていると言えます。

今回のコロナ禍において、もともとｅ‐Ｗｏｒｋが広く行われていた日本ＩＢＭでは九割もの従業員が在宅勤務に移行することは比較的スムーズにできました。しかし、本来ｅ‐Ｗｏｒｋでなくてもよかった従業員がｅ‐Ｗｏｒｋで働くことで、ただでさえ自己責任で緩かった労働時間管理がますます緩くなっています。会社も団体交渉では「在宅が長いので、大変な事件がおきたらどうしようかと思っている。家で働きすぎて倒れたらどうしようかと思っている」と述べています。労働組合としても、自己申告によって提出する勤務記録が実態と乖離《かいり》し、ＩＴエンジニアに限らず二四時間体制で働く従業員が増えていると見ています。

●在宅環境整備の問題

コロナ禍で二〇二〇年三月上旬から日本ＩＢＭでは全社的な在宅勤務体制が始まりました。突然始まったコロナ禍のため、ほとんどの従業員は満足な自宅環境準備もできないまま長期の在宅勤務に入らざるを得ない状況でした。そこで、労働組合として以下のような環境整備が必要と判断し要求をしています。会社にとっては、本社ビルの巨額な水道光熱費が必要なくなり、通勤費の支出もほとんどなくなった状況ですが、従業員向けのこれら手当はほんの一部しか実現していません。

（1）在宅勤務手当の支給
（2）自社事業所あるいは他の仕事場に出勤した従業員への危険手当の支給
（3）自社以外の仕事場に出勤する人へのマスク、携帯用消毒アルコール等の自宅支給体制の確立
（4）自宅環境整備手当の支給

●テレワークと評価制度の問題①――ジョブ型評価

テレワークは従来型の管理手法を使っている管理職にとって、自分の部下が何をしているか分からないという格好の言い訳に使われがちです。本来であればコミュニケーション方法を改善して対応するのが筋ですが、逆にこの機を活用して労働者支配を強めようという動きがみられます。

コロナ禍でテレワーク労働者が増えるに従い、査定方法に困った企業で「ジョブ型評価」を導入しようという動きが広がっています。ジョブ型評価とは当該従業員が担当する仕事、すなわちジョブの記述を定め、仕事の結果を測定しやすくした上で結果を評価しようとするものです。

この評価方式には二つの問題があります。一つはジョブ記述を定めることによって従業員の仕事が固定化されることです。従来の日本的総合職としてのメンバーシップ型の働き方に比べて働き方に柔軟性がなくなり、人員の流動性や組織が硬直化する危険があります。これは、会社から見れば組織や人員を特定した安易なリストラができるようになるという危険性があります。

実際、日本ＩＢＭでは「ジョブ型リストラ」が二〇二〇年末に行われました。コロナ禍に対応すべく会社の都合で組織変更を行い、本来であれば経営責任で従業員の配置転換を行い再教育すべきところ、日本ＩＢＭは当該部署に所属する従業員に「お前のジョブはなくなる。自分のキャリアを自分で考えろ」と自己責任に転嫁した上で社外へのキャリアへ誘導、すなわち退職勧奨の面談をリモートで何度も行いました。二つ目の問題はジョブ記述とそれに対する評価という方法が成果主義の土台になるという点です。実際、日本ＩＢＭではジョブ型評価制度が一九九〇年代以降どんどん強化され、激烈な成果主義になっていきました。

●テレワークと評価制度の問題②——成果主義

改めて日本ＩＢＭの状況をご紹介することで、成果主義の危険性について指摘しておきたいと思います。日本ＩＢＭでは徹底した成果主義を取っています。成果は個人ごとに設定されるジョブ型目標によって管理されます。その目標は所属長と面談の上で決められますが、会社対個人の圧倒的な力関係のもとでは、ほとんど命令に近い形で目標が設定されます。そして、毎年の賃金の昇給額は所属長のジョブ型評価結果によって決められます。日本ＩＢＭには日本企業では一般的に用いられている賃金テーブルが無いため、場合によっては賃上げゼロという年もあります。従って、在籍年数が上がれば給料が上がるという保証はありません。成績が期待に達していないと判断されると賃下げされる場合もあります。これを会社は競争的報酬と呼んでいます。

注意していただきたいのは、報酬が所属長の一存によって決められるという点です。日本ではふつう人事部門が決めることを日本ＩＢＭでは現場の所属長が決定します。これを会社は「ラインによる人事管理」と呼んでいます。ライン、すなわち現場の所属長に強大な権力を持たせ、所属している個々の従業員を支配する方法です。従業員は個別管理されていますから、圧倒的な力関係の差が生じます。これがハラスメントの温床になります。

●ハラスメント体質

成果主義がひどくなると、従業員の恣意的な選別が行われるようになります。日本ＩＢＭの「パワハラ四点セット」は有名です。従業員に対する所属長の圧倒的な力の差を利用し、「成績評価」「改善指示」「賃下げ」「降格」を巧みに使って人員削減や人件費の圧縮に利用しています。

一つ目は「パワハラ低評価」です。リストラのターゲットになった人が被害を受けます。日本ＩＢＭのジョブ型評価は一見合理的な方法に基づいているように見えますが、すでに述べたように目標が一方的に立てられた上に、結果評価についても所属長の独善的な判断で決められてしまいます。恣意的な理由で低評価にできるのです。これをフルに利用するため、リストラプログラムが走ると社内に低評価者があふれることになります。

二つ目は「パワハラＰＩＰ」です。ＰＩＰとはパフォーマンス・インプルーブメント・プログラム（「プログラム」のところは「プラン」と呼ぶ場合もあります）の略で、低評価にされた個人を特定して業績の改善を指示するものです。ここでの「業績」とは、会社の業績を意味するものではなく、個人の業績を意味しています。つまり、あくまでも個人を狙ったものである点がＰＩＰの特徴です。その個人に一方的に目標を課し、改善指導を行った上で、一定期間内にその目標を達成することが求められます。ところが、その実態は業績改善とは名ばかりで、到底できないことをやらせ、あるいは達成してもなかったことにされ、重箱の隅をつつくような改善指導や日勤教育のような嫌がらせを繰り返すものです。そもそもＰＩＰの開始前に「目標に達しなかった場合の処置」として「職務の変更」や「所属変更」「降格とそれに伴う減給」「減額給与調整」を示した用紙を手渡す時点で、このプログラムが組織的パワハラだと宣言しているようなものです。この用紙に同意のサインを求められますが、同意すれば自分の業績に改善が必要だったと認めた証拠を残すことにもなります。

三つ目は「パワハラ賃下げ」です。ＰＩＰによって業績改善がなされないと判断されるとこれが待っています。最大で年収の一五％が恒久的に賃下げされます。懲戒処分でさえ最大一〇％でしかも有限月数の減給で済むのに比べて途方もない労働条件の不利益変更です。要するに会社から出ていけと言っているに等しい仕打ちです。パワハラ賃下げ後、退職加算金を提示して退職勧奨をするのが手口です。

四つ目は「パワハラ降格」です。ターゲットの従業員が賃下げをしてもなお会社を辞めないと見るや、パワハラ降格によりさらに賃金を下げる嫌がらせに出ます。パワハラ降格まで来ると、もともとの賃金の約六割にまで賃金が下げられるケースもあります。

●仲良しグループ化

激烈な成果主義になり、成績によって雇用の不安が生じるようになれば、従業員が閉鎖的グループを作って自分たちを守り合う傾向が生まれます。長期のＩＴプロジェクトや、メンバーが固定されがちな業界特化型のプロジェクトではこの傾向が生まれやすくなります。閉鎖的なグループからなるプロジェクトを運営し、他の新参者を排除することで、自分たちを守ろうとします。いわゆるパワハラ・プロジェクトや、ブラック・プロジェクトが生まれやすい素地が作られていきます。

●低賃金化

日本ＩＢＭでは二〇〇六年から成果主義が一層強化されました。組合が二〇〇五年を起点としてその後一二年間の賃金推移の実態を調査した結果を図に示します（ＪＭＩＴＵ日本ＩＢＭ支部の賃金実態調査より）。驚くべきことに、二〇一七年の四〇代、五〇代の年収が二〇〇五年に比べて二〇〇万円も下がっていることが分かります。さらに、このグラフが示しているのは単に年収が下がったという見方だけに留まりません。このグラフは一二年間の推移を示していますから、一二年前に三〇代だっ

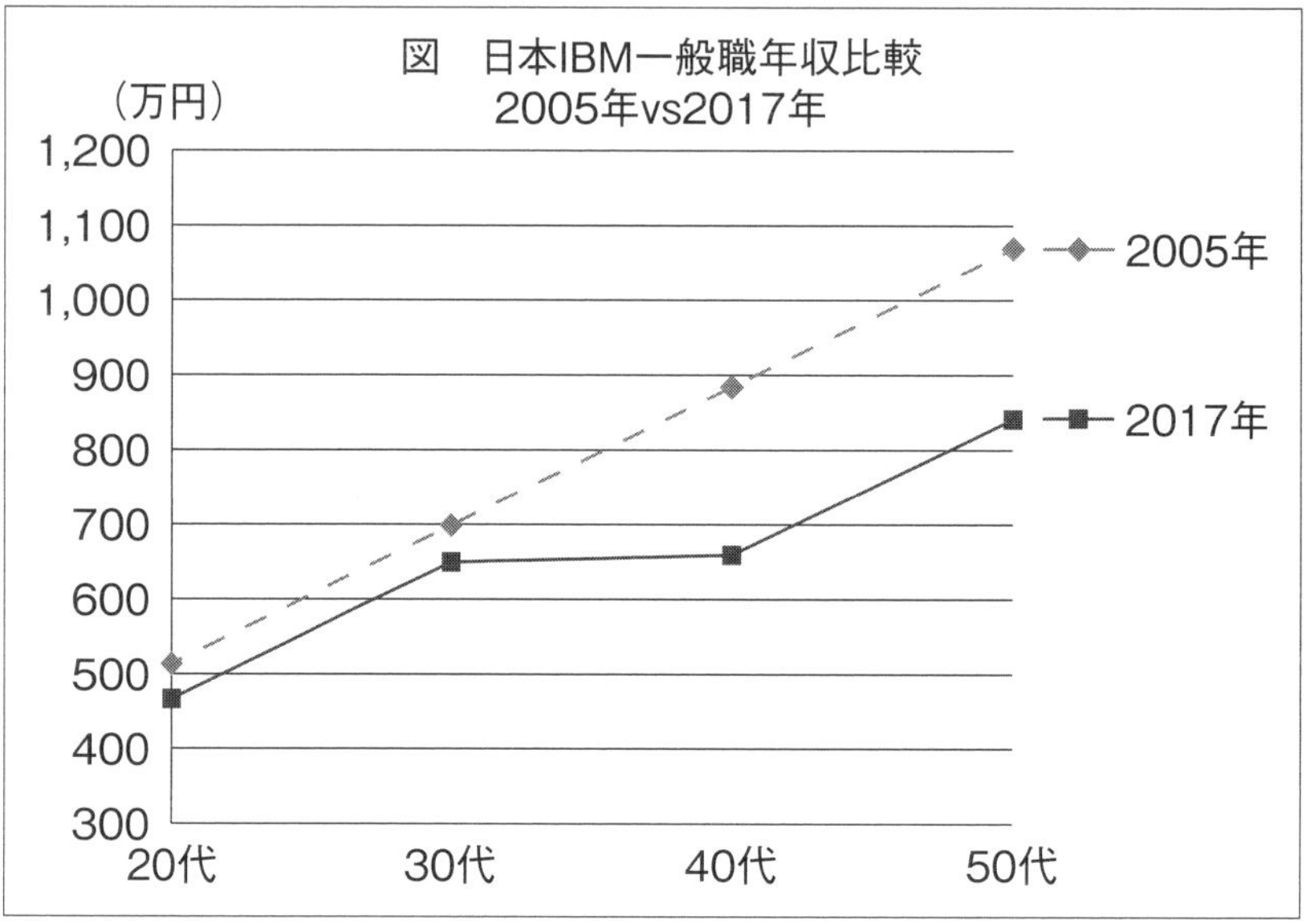

図　日本IBM一般職年収比較
2005年vs2017年

た人、四〇代だった人は二〇一七年にはそれぞれ四〇代、五〇代になっていることに注意する必要があります。すなわち、この一二年間でこの人たちの年収がどうなったかも表しているのです。なんと、子育て期の人生で一番お金がかかる年代が、まったく収入が増えずに平行移動しているだけであることがわかります。

　一般に、若い人は成果主義に賛成の傾向が強いと言われます。しかし、このグラフを見てください。成果主義の導入に賛成した三〇代、四〇代の若い人たちが、実は成果主義の一番の被害者であることを示しています。

●稼働率管理

テレワークだから、誰も見ていないから、となっても日本ＩＢＭは遊ばせてくれません。

　ＩＴエンジニアやＩＴコンサルタントは「稼働率」と呼ばれる指標で管理されます。稼働率とは、お客様プロジェクトのために実稼働している時間の、総労働時間に対する割合のことです。稼働率目標は部門ごとに定められ、それが成果主義のもとで個人目標にまで落とし込まれます。勤務時間中に働くのはもちろんのこと、そのなかでお客様向けに働く稼働率を稼がないと評価されません。まるで稼働率を稼げない人は勤務していないかのような扱いです。

稼働率と成果主義とを組み合わせることで、会社にとっては従業員のリストラがやりやすくなります。稼働率が低い、つまり余剰とみなされる従業員の成績を悪くつけて、成績を理由に会社を追い出せばよいからです。

●テレワークと自己責任化の問題

プロジェクトが終わったから、テレワークだから自宅で楽ができるかというと、日本ＩＢＭはそうはさせてくれません。テレワークと自己責任化は相性が良いことにも注意が必要です。日本ＩＢＭではＩＴエンジニアは自分の担当するプロジェクトを自己責任で探すことになっています。これをセルフサーブモデルと呼んでいます。

セルフサーブモデルとは、会社が仕事を命じるという前提を覆し、ＩＴエンジニアが次の担当プロジェクトを自己責任で見つけるというものです。社内向けイントラネットを使い社内のプロジェクトに応募し、採用してもらうよう自分で動かなければいけません。イントラネットで応募、プロジェクト・マネジャーと面談、そして採用されるとプロジェクトに参加することができます。担当プロジェクトがない状態になると「ベンチ」と呼ばれ、「次の仕事を検索」するよう管理部門から執拗な警告がメールでなされます。

テレワークで誰も見ていなくても、「稼働率」と「成果主義」で追い立てられているＩＴエンジニア達は、ひとつのプロジェクトを終えると誰しもほとんど半狂乱のように次のプロジェクトを探さざるを得なくなります。

セルフサーブモデルの問題は自己責任で仕事を探すという本末転倒の考え方にあります。会社はあくまでもプロジェクトへ参加できるよう「最大限支援している」との立場を取っていますが「この会社で働きたければ仕事は自分で探せ」という態度は経営責任の放棄であり、重大な問題があります。

●ジョブ型雇用

いわゆる「ジョブ型」と呼ばれる働き方は、まず「ジョブ型評価」が取り入れられ、仕事と人員を固定化した上で、次に「ジョブ型雇用」に移行していく危険性があります。ジョブ型雇用の原型はいわゆる「クラウドソーシング」と呼ばれるものです。

クラウドソーシングとは、正社員を雇わず、プロジェクトごとに、仕事ごとに、契約社員を募集するビジネスモデルのことです。二〇一〇年五月に米国ＩＢＭ人事部門のトップが「二〇一七年までに、全世界で四〇万人いる従業員のうち三〇万人を解雇して正社員一〇万人体制とし、プロジェクト毎《ごと》に契約社員を雇用するクラウドソーシングの雇用形態に移行する」と発言した事が報道され、大騒ぎとなりました。幸いその事態は避けられましたが、すでに日本ＩＢＭの現状は「社内クラウドソーシング」と言ってもよい状況になっています。

●日本ＩＢＭの実態にみる今後の働き方の注意点

「自己責任」、「成果主義」、「セルフサーブモデル」で苦しめられている日本ＩＢＭの実態は、賃金を下げながら二四×三六五労働でボロボロになるまで働く従業員と、稼働率が下がった人がいつの間にか会社から消えている現実です。いかにテレワークが普及しようと、これらの人事施策を職場に入れさせないたたかいが重要となっています。

コミュニケーションを困難にするSEにとってのテレワーク

電算機関連労働組合協議会事務局長
横山《よこやま》　南人《なみと》

●システムエンジニアとは

システムエンジニアについての正式な定義は存在しませんが、コンピュータのシステム開発の仕事に携わる人について、システムエンジニア（以下ＳＥ）とプログラマー（以下ＰＧ）が存在します。ＰＧはコンピュータプログラミングを行う技術者です。プログラミングとはコンピュータを動かすためのプログラムの設計およびコーディング（注１）を行います。

ＳＥは、ＰＧの仕事以外、すなわち、コンピュータシステムの設計、開発、評価、プロジェクトマネジメント、コンサルティング、保守、運用などを行う技術者のことでその業務範囲はかなり広いです。ＳＥの働き方として、正社員、契約社員、派遣社員、個人事業主といった就業形態があります。正社員は一般企業の情報処理部門、システムインテグレーター（注２）の社員および中小ソフトハウスの社員があります。契約社員は、期間を定めてその間は会社に雇用されます。派遣社員は一般の労働者派遣事業における派遣と同じです。個人事業主は、企業からシステム開発の仕事を請負います。個人事業主でも、ある仕事（客先常駐で雇用労働者でしか受け入れてもらえない場合など）の時は契約社員で仕事をする場合もあります。

なお、近年はコンプライアンスの関係で個人事業主として仕事をすることは困難になりつつあり、その数は以前よりかなり減っていると思われます。

情報サービス産業の情勢は経済産業省の二〇一九年特定サービス産業実態調査によると、売上高二七兆二九五七億円（一三・二％増）、事業所数三万七九三八（九・三％増）、就業者数一一五万八七〇〇人（七・五％増）となっています。

注1＝コーディング（Coding）とは、プログラミング言語（COBOL、SQL、Java、C、VB、PHP等々）など何らかのコンピュータ言語の語彙や文法に従って、コンピュータが処理・解釈できるコード（code：符号）列を記述する作業のこと。

注2＝システムインテグレーター（Systems Integrator）は、個別のサブシステムを集めて一つにまとめ上げ、それぞれの機能が正しく働くように完成させるシステムインテグレーション事業を行う企業のこと。

●SE労働と健康研究会

初めにSE労働と健康研究会を紹介しておかねばなりません。働くもののいのちと健康を守る全国センターでは、SE労働者にメンタルヘルス疾患などの健康被害や過労死が多発している実態を重視し、その改善をめざして二〇一三年五月、現役・OBのSE労働者、労働相談員、労働組合などの協力を得て「ＳＥ労働と健康研究会」を立ち上げました。同研究会では、ＳＥ労働者の実態把握、過労死遺族や弁護士、研究者などからの聞き取り調査などを行い、検討してきており電算機関連労働組合協議会（以下、電算労）も発足当初から参加しています。

ＳＥ労働と健康研究会では、ＳＥの健康被害や過労死の要因として、①システム開発においてユーザー企業の都合で度重なる仕様変更があること、②そういう中でも納期を厳守しなければならない場合があること、③ＩＴ技術者が人員不足であること、を要因とする長時間過密労働が発生し、さらに、④労働者が十分に教育・指導がされずにプロジェクトに配置されたことで、スキルミスマッチが起きて精神的に追い込まれてしまう場合があること、などを指摘しており、その結果、うつ病などを発症し過労死や過労自死に至るケースも起きている、としています。

ＩＴ化が進み、情報システムがなくては社会生活が成り立たない状況になっています。その一翼を担うＳＥにとって、法令が遵守され、安全・健康が確保され、ストレスが少なく生きいきと働き続けられる環境のもとで、働きがいを持って成長していくことができ、八時間働けば暮らしていける賃金が保障される――ディーセントワークを構築することが重要であり、こうしたことを実現することは、労働災害を防ぐことにもつながり、労働者だけでなく業界や企業の発展にとっても有益であることから、情報サービス産業の健全化にむけた提言をまとめました。

●新型コロナ感染症とIT産業労働者の実態調査

ＳＥ労働と健康研究会では、「新型コロナ感染症とＩＴ産業労働者の実態調査」をＷｅｂアンケートにて行っています。この調査は、新型コロナ感染症拡大に伴う職場の状況、おもにテレワークの実態について調査し、ＳＥ労働にどのような影響があるのかを把握し、問題点を明らかにすることを目的にしています。このアンケートの中間結果とその分析をもとにＳＥ労働のテレワークの実態とその問題点について報告します。なお、このアンケートは三月三一日まで行う予定になっています。

まず、調査項目ですが、新型コロナ感染症拡大に伴う職場の状況についてテレワークを行っているかどうか、行っている場合、その形態、テレワークの勤務割合、勤務時間、労働時間の把握、メリット・デメリットなどについて、また、テレワークを行っていない場合、テレワークしなかった・できなかった理由、テレワークの要望等について調査しています。

調査項目は大きく分けて下記四つの設問ブロックとなっています。

Ｑ１　新型コロナ感染症拡大に伴う職場の状況
Ｑ２　テレワークについて（テレワークを行っている人に対しての設問）
Ｑ３　テレワークを行わなかった人について（行っていない人に対しての設問）
Ｑ４　基礎情報について（勤務地、会社の事業形態、雇用形態、年齢層、経験年数、労働時間等々）

●テレワークの実施状況

職場でテレワークが実施されている割合は次ページグラフのとおりで九〇％近く（①、②および③

Q1－2　あなたの職場でテレワークが行われていますか

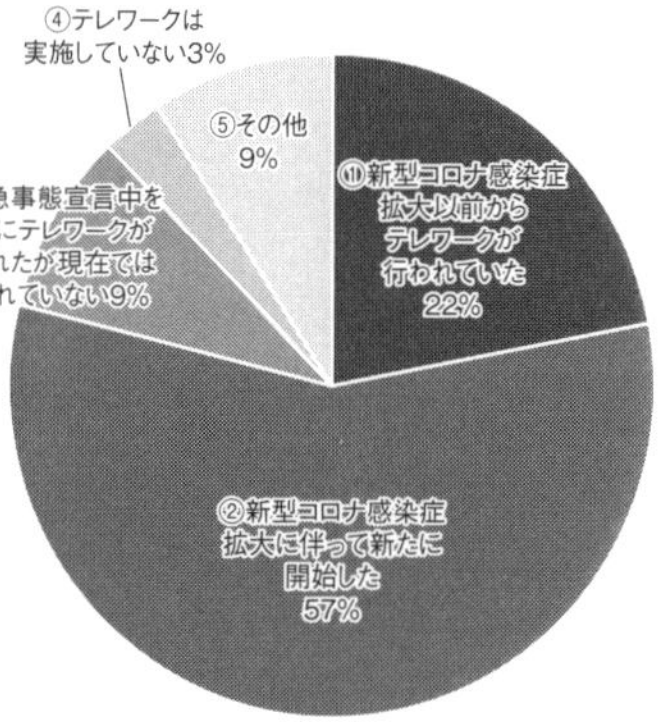

Q1－3　あなたの職場では現在テレワークを行っている人の割合はどうですか

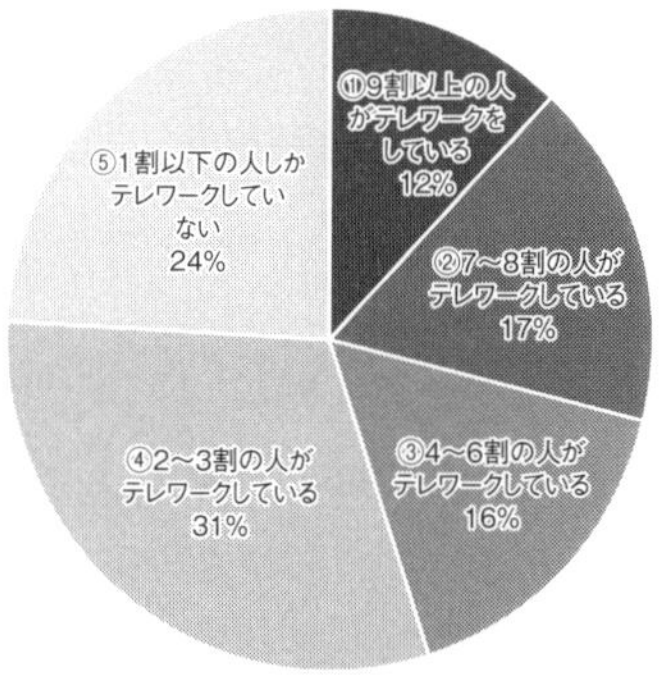

Q2－3　ピーク時の1か月間でどのくらいの割合でテレワークを行っていましたか

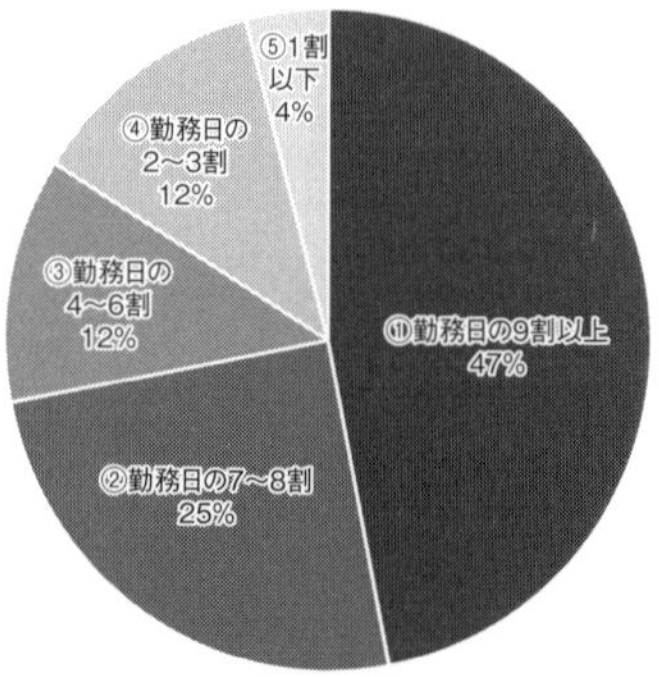

の合計）あります。なお、③は昨年の緊急事態宣言時について、その解除後に回答しているもので、現在は、再度の緊急事態宣言が出されていますので実施されているものと思われます。テレワークを行っている人の割合は一割程度から九割以上のところまで企業によってその割合は様ざまのようです。

●テレワークの実態

職場でテレワークが実施されている、またはいたところは、九割近くに達します。テレワークにおける勤務時間は平均的には、従来と変わらないようです。

労働時間管理については自己管理が最も多く、ＰＣのログイン、ログオフなど何らかの形で把握されているケースが約半数で、八割は正確に把握されているようです。

テレワークを行うにあたり、パソコンが必要で通信費などがかかることになりますが、その費用について会社からの支給については、毎月の支給は四分の一にとどまっており、全額自己負担も四割以上あります。

通勤費がかからなくなることもあり、通信費等のテレワーク費用については当然ながら会社が負担すべきですが、必ずしもそうはなっていないようです。テレワークを行ったときのメリットについて

Q2－4　テレワークをした日の勤務時間はどのくらいでしたか

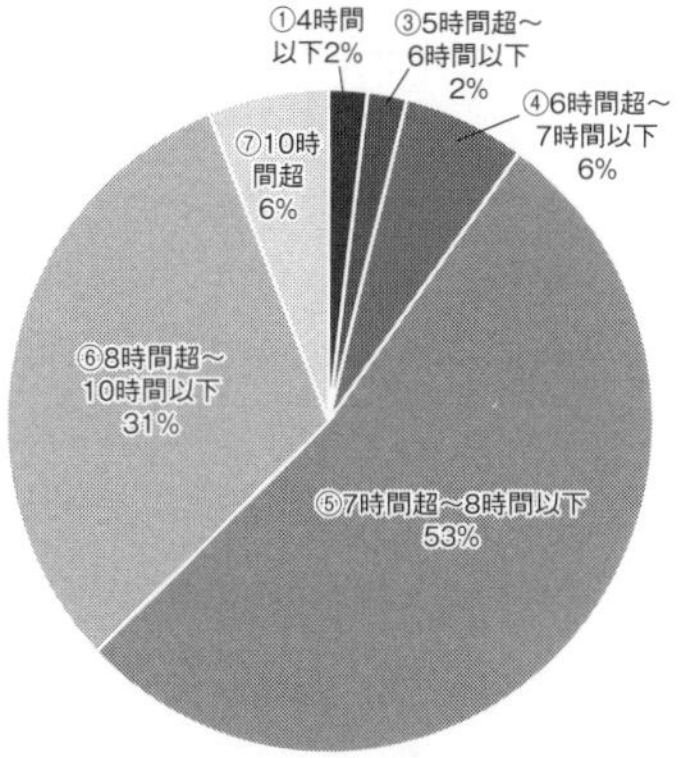

Q2－5　テレワークを行って勤務時間はテレワーク以前と比較してどうでしょうか

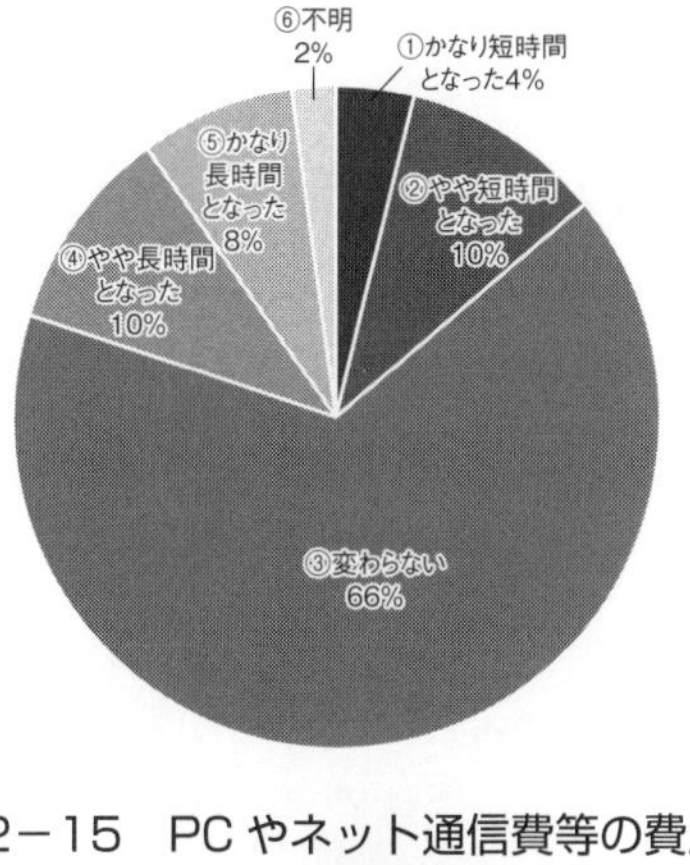

Q2－15　PC やネット通信費等の費用

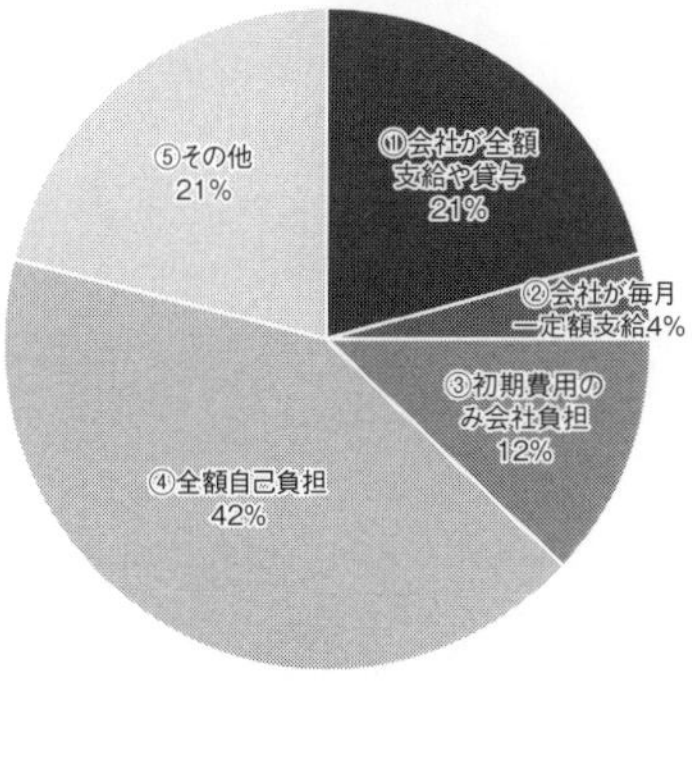

Q2−8　あなた自身の労働時間を会社はどのように把握していますか

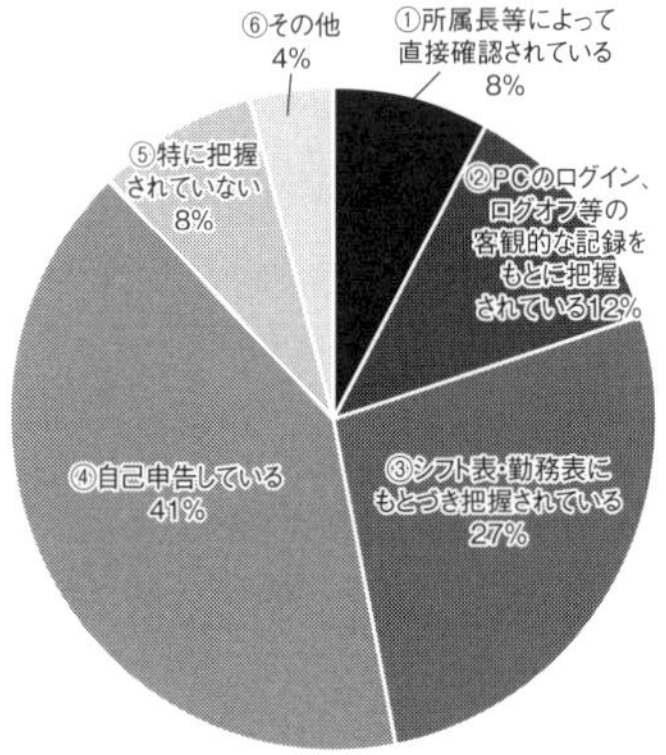

Q2−9　労働時間は正確に把握されていますか

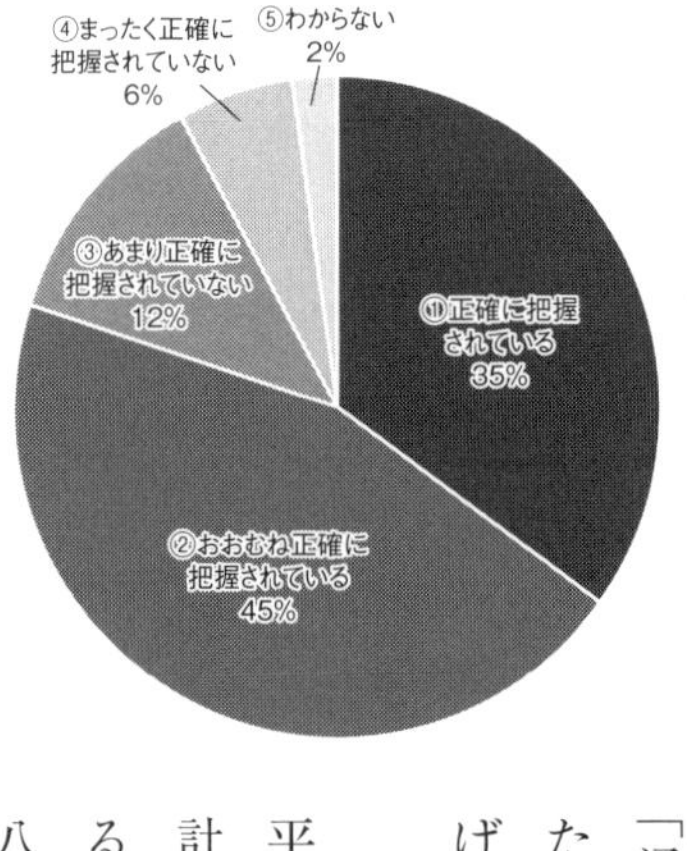

もっとも多いのは、「通勤時間が無くなった」で約九割の人が上げています。

東京都の通勤時間の平均は四三・八分（統計情報リサーチによる）ですから、往復で八七・六分、一日に約一時間三〇分の時間の余裕が生まれることになります。さらに仕事の時間配分が自由になり、相まって「家族との会話が増える」「子どもの学校関連の用事に参加しやすくなった」「親の介護にフレキシブルに対応できる」「平日の休憩時間を家事に活用する事により、家事負担を分散できた」（自由記述回答）といったプライベートの充実につながっているようです。

また、仕事面においても「自分のペースで仕事ができる」ことをメリットと感じている人もいます。

当然ながら「新型コロナウィルス感染リスクが減った」をメリットに上げる人も多く八割近くいます。感染リスクの減少について年齢層別にみると、一番のメリットに上げているのは六〇歳以上で、感染時の重症化のリスクが高いということを意識していることが伺えます。

「服装が自由」を一番のメリットに上げているのは四〇~四九歳で、おそらくこの年齢層が最も会社で着る服にお金がかかっていると思われます。

「自分のペースで仕事ができる」というのは比較的年齢の高い層が多くなっています。年齢から言うと管理職、あるいはそれに近い職位であって、部下の管理・指導等会社においては自分の仕事以外

テレワークを行ってメリットと感じていること（年齢層別）

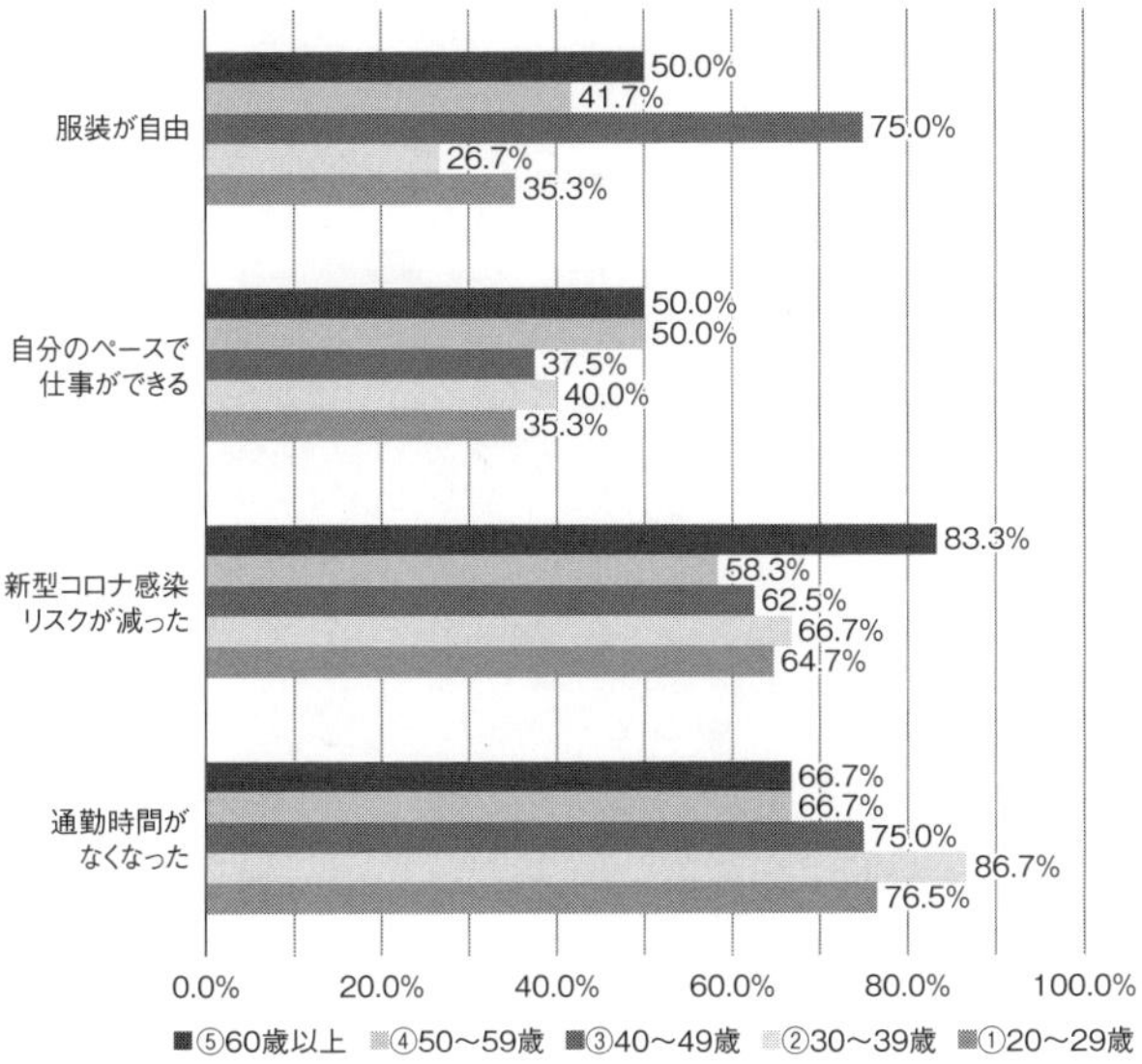

Q2－13　テレワークを行ってメリットと感じていることをあげてください（上位５つ以内）

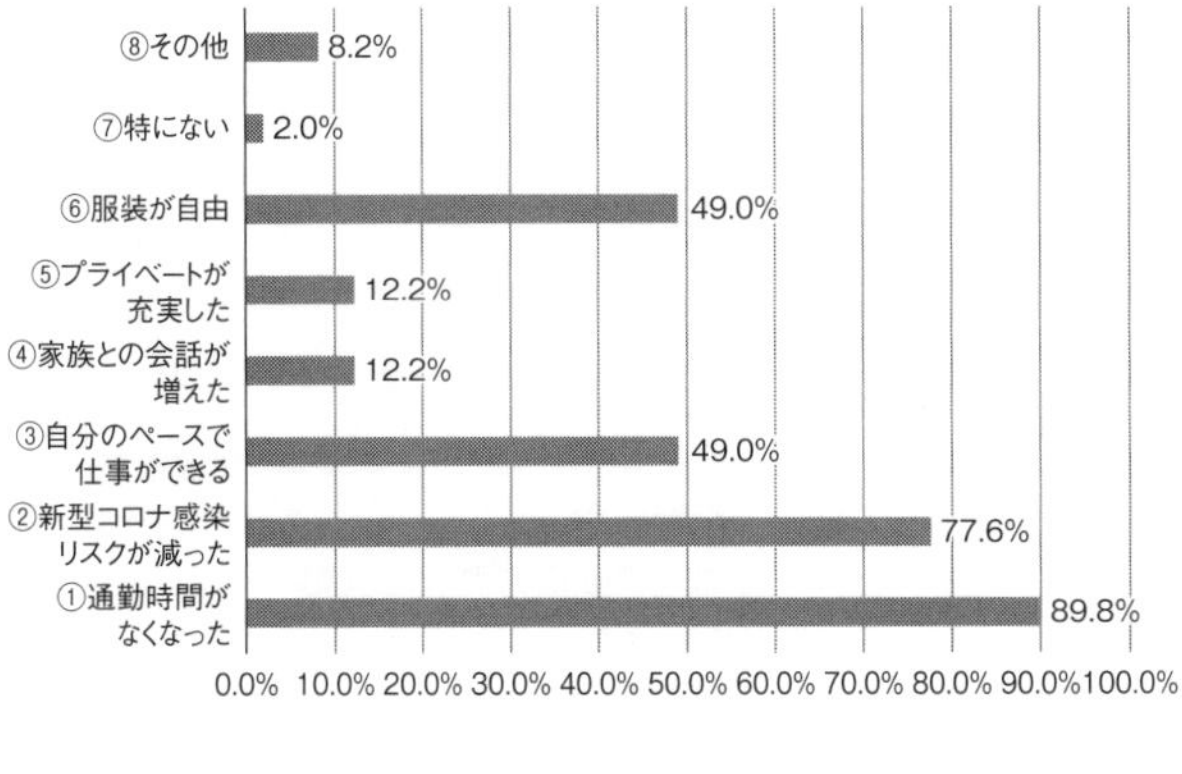

テレワークを行ってデメリットと感じていること（年齢層別）

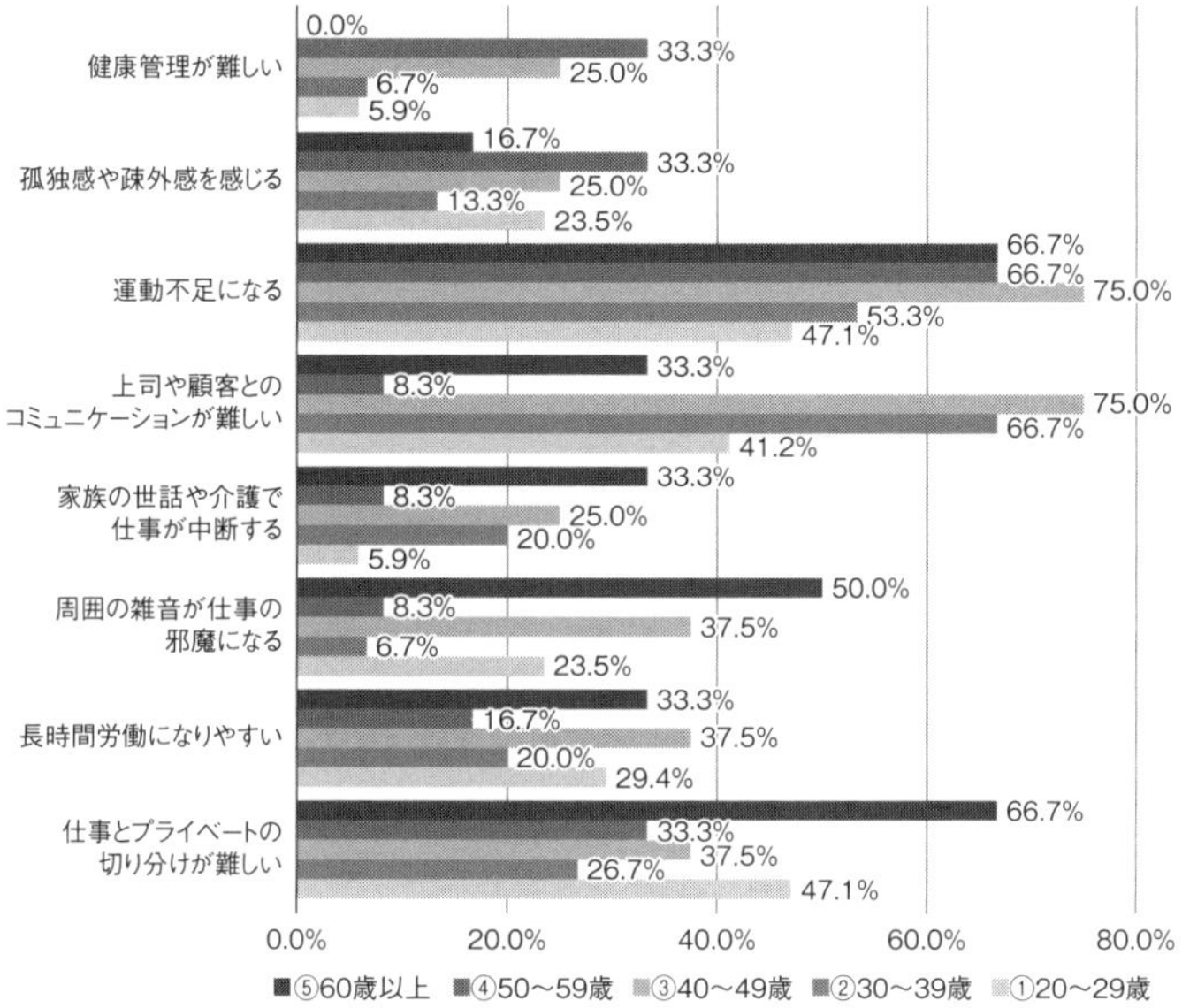

Q2−12　テレワークを行ってデメリットと感じていることをあげてください（上位５つ以内）

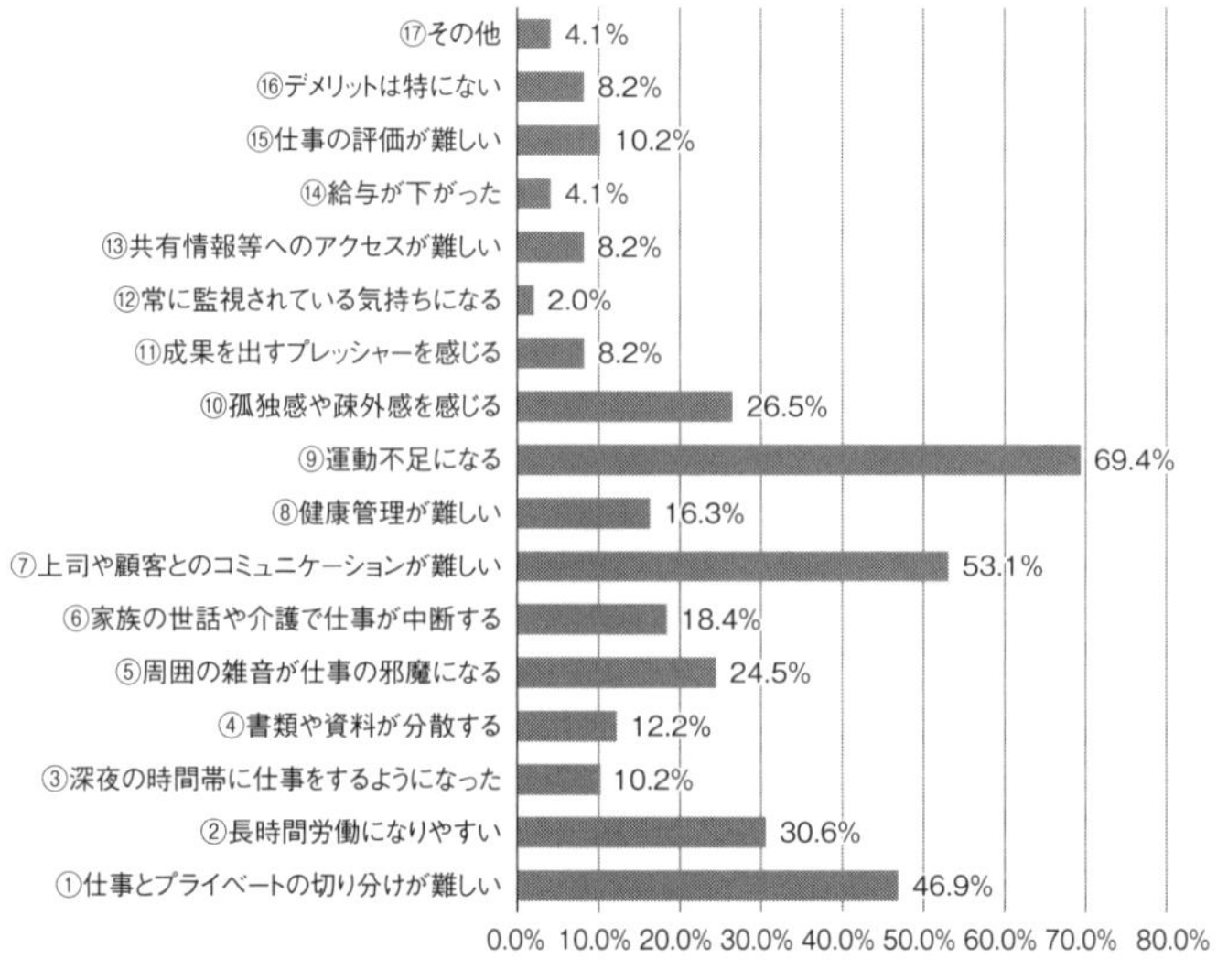

で時間を取られることがあるがテレワークではそれから解放される、ということでしょうか。

一方、デメリットとしては約七割の人が「運動不足になる」をあげています。

通勤時の場合は、通勤自体、また、会社で勤務すること自体である程度の運動をすることになります。それが、自宅となると意識して散歩をするなり、ストレッチをするなり意識して体を動かすようにしないと運動不足になりがちです。

年齢層別に見てみると「運動不足」については若い人より、四〇代以上の人にその傾向が若干強いようです。散歩やストレッチなどを日課として取り入れる必要を感じます。

次に多いのが「上司や顧客とのコミュニケーションが難しい」です。「コミュニケーションの困難」は、年齢層で違いが出ています。働き盛りの三〇代、四〇代が多く、二〇代がそれに続いています。

例えばシステム開発の仕事は、プロジェクトやチームを組んで行うことが殆どです。その場合、若い人は当然ながら技術的に未熟な面があり、分からない点、疑問の思う点について先輩技術者に聞くことが多々あります。開発の仕事を進めるにあたり、先輩技術者のアドバイスは必須です。

社内にいる場合は、いつでもすぐにそれが可能ですが、テレワークになると難しくなります。テレワークでも電話、メール、あるいはチャット等で質問することはできますが、面と向かって言葉を使って行う場合とそうでないコミュニケーションとではその質に歴然とした違いがあります。

「仕事とプライベートの切り分けが難しい」もデメリットの上位に上げられています。家族、特に小さな子どもがいる場合など、容易に想像できます。そうでなくとも、家にいれば電話がかかって来たり、訪問者があった、あるいは宅配便が届いたなどなど仕事を中断せざるを得ない場合がありま す。自分の都合で時間配分ができることはメリットにつながっても、そうでない場合は、どうしてもデメリットと感じてしまうようです。

●テレワークにおける問題点

テレワークにおける最大の問題点は、コミュニケーションです。システム開発の場合、さきにも記したように通常プロジェクトを組んで行いますが、社内においてコミュニケーションを図りながら開発を行う場合とテレワークで行う場合とではコミュニケーションの質がまったく違ってきます。

テレワークで行う場合、プロジェクトメンバーとのコミュニケーションは、例えば定例の進捗《しんちょく》会議などWeb会議を設定して行うことになりますが、それ以外はメール、あるいは電話ということになります。そして、テレワークにおけるコミュニケーションは必要最小限のやり取りのみになりがちです。

社内で行う場合は、進捗会議でも個別の打合せ、あるいは分からないことを先輩に教えてもらう場合など常に対面でのコミュニケーションになります。

SE労働と健康研究会メンバーの一人である、産業医の阿部眞雄先生は、「高コンテクストな文化をもつ集団（暗黙知・風習が多い集団）では、そのメンバーは膨大なコンテクスト情報を含みうるコミュニケーションで安心感・居場所感を得る」と言います。さらに、「コンテクストが低いと知的及び心理的安全性の低下を招き、孤立とメンタルヘルス不調を増やす」と指摘されています。ここでのコンテクストとはIT用語としてのコンテクストではなく、文脈、脈絡、背景などのコミュニケーションの基盤となる文化の共有度合いといった意味です。

このようにテレワークにおけるコミュニケーションは低コンテクストを招き、その結果孤独感や疎外感を感じるようになり、メンタルヘルス不調に陥る危険性をはらんでいます。アンケートでも、「上司や顧客とのコミュニケーションが難しい」、「孤独感や疎外感を感じる」といったデメリットを多くの人が回答していることは前述の通りです。

また、テレワークにおける会話はＷｅｂ会議または電話ということになりますが、この場合、単なるバーバル・コミュニケーションが多くを占めるようになります。バーバル・コミュニケーションというのは、言語的コミュニケーションのことで、話や文字など「言葉を使った」コミュニケーションを言います。先に上げた例で分からないことを先輩に教えてもらう時など、対面のコミュニケーションでは、例えば資料を示して指差しなどして説明する、ここは大事だと念押しで声を大にして言うなどといったジェスチャーや態度、表情、さらには声のトーンや大きさ、などの非言語のメッセージを多く含んだノンバーバル・コミュニケーションが多用されます。

テレワークにおける会話ではノンバーバル・コミュニケーションが難しく、コミュニケーション不全に陥る危険性があります。その結果として、親近感や連帯感といった人間関係が醸《かも》し出されにくく、それがまた孤独感や疎外感といったことに繋がっていきます。このことは、技術の継承といった会社の存続にも関わってくる重大な問題も孕んでいます。

次に指摘したい点は、「勤怠の管理がしにくくなる」という点です。これは単に経営サイドにおける技術的な、あるいは単なる方法論ということにとどまりません。

アンケートにあるように労働時間管理については自己管理が四一％で最も多く、客観的な管理はＰ

Cのログイン、ログオフなどによって把握されています。労働時間管理について、その実態を厳密に把握しようとする場合、何らかのツール（システム）を導入することになります。

厳密に把握しようとすればするほど、監視が強化されることになります。これは、テレワークをリモコンワーク（阿部眞男医師の造語）に変えていくことになります。四六時中監視され、その中で仕事をする。これでは、労働者がみずからの意思で創造性をもって仕事をすることはできず、操られて仕事をするというリモコンワークに変わります。これでは、ＩＬＯが求めるディーセントワークとはかけ離れて、働き甲斐や人間らしい仕事を求めることはできず、ストレスの要因になることは容易に想像されます。

労働時間管理について、アンケートでは自己管理（つまり自己申告）が最も多くなっています。自己申告で会社側もよしとしている間はいいのですが、何かしら問題が生じた場合など、必ずしもそうとは言い切れません。特にシステム開発時など納期間近で開発業務がピークになると稼働時間が大幅に増える場合があります。現在労働基準法により時間外労働の上限規制がありますが、これを超えるような時間外労働が生じた場合、どうなるでしょう。実際問題として十分ありうることです。

会社側としては上限規制を超える申告をした場合、それは問題（違法）となるので何らかの形で規制せざるを得ません。規制するには開発メンバーの増員、納期の延長など何らかの手を打つ必要がありますが、それらは、簡単なことではありません。そうなると会社側は根本的な解決策を講じることなく、プロジェクトに責任を押し付けてきます。そして、結局はプロジェクトメンバーに残業規制を強いることになります。プロジェクトメンバーはそれを守らないと個人の責任が問われ、評価につながりますから、自己申告において上限規制を超える時間を記載することなく、いわゆるサービス残業となる可能性があります。

このようにシステム開発においては、ピーク時の長時間労働が発生し得ますから、会社側は人件費削減の方策として、裁量労働制を取ってくる場合があります。実際、電算労傘下の組合においてそのような会社があります。裁量労働制になると、テレワークにおける仕事が成果物について評価されることになり超過勤務手当、いわゆる「残業」という概念がなくなってしまいます。その結果として自己責任の下、会社が要求する成果を出すことを強いられるようになり、超長時間勤務に陥る危険があります。

その他のテレワークにおける問題として運動不足、自宅環境の問題などありますが、運動不足は自己管理の範囲で対応でき、自宅環境の問題は、テレワークオフィスを利用するなどの手段があります。

テレワークオフィスについては、ビジネスホテルなどを利用する手もありますが、その場合は会社からの手当が支給されるなどの制度が必要となるでしょう。

（「新型コロナ感染症とＩＴ産業労働者の実態調査」の中間報告は YouTube に掲載しています）

損保労働者に様ざまな負荷がかかる在宅勤務

全日本損害保険労働組合中央執行委員長

浦上《うらかみ》 義人《よしと》

●収益重視で労働生産性追求の強まり

損保各社では、ここ数年の大規模自然災害の発生によって保険金支払額が急増し、火災保険の損益が大手三グループで二〇〇〇億円の赤字となるなど、保険本業の収支が悪化してきています。また、人口減少や自動運転の進展による既存市場の縮小、技術革新に伴うビジネスモデルの変化など、事業環境の先行きが不透明となっていることから、損保経営の危機感は、企業規模の大小を問わず依然として強くなっています。そのもとで、大手グループ経営は、その危機感を職場に喧伝しながら、国内での徹底した顧客囲い込みを通じてマーケットシェアを競い合い、海外事業や介護などの新規事業領域で収益拡大をめざしています。中小社もこうした競争に巻き込まれていることから、各社の政策すべてが「収益力の強化」をめざしたものとなっています。

図1　損保産業で歪んでいると感じること

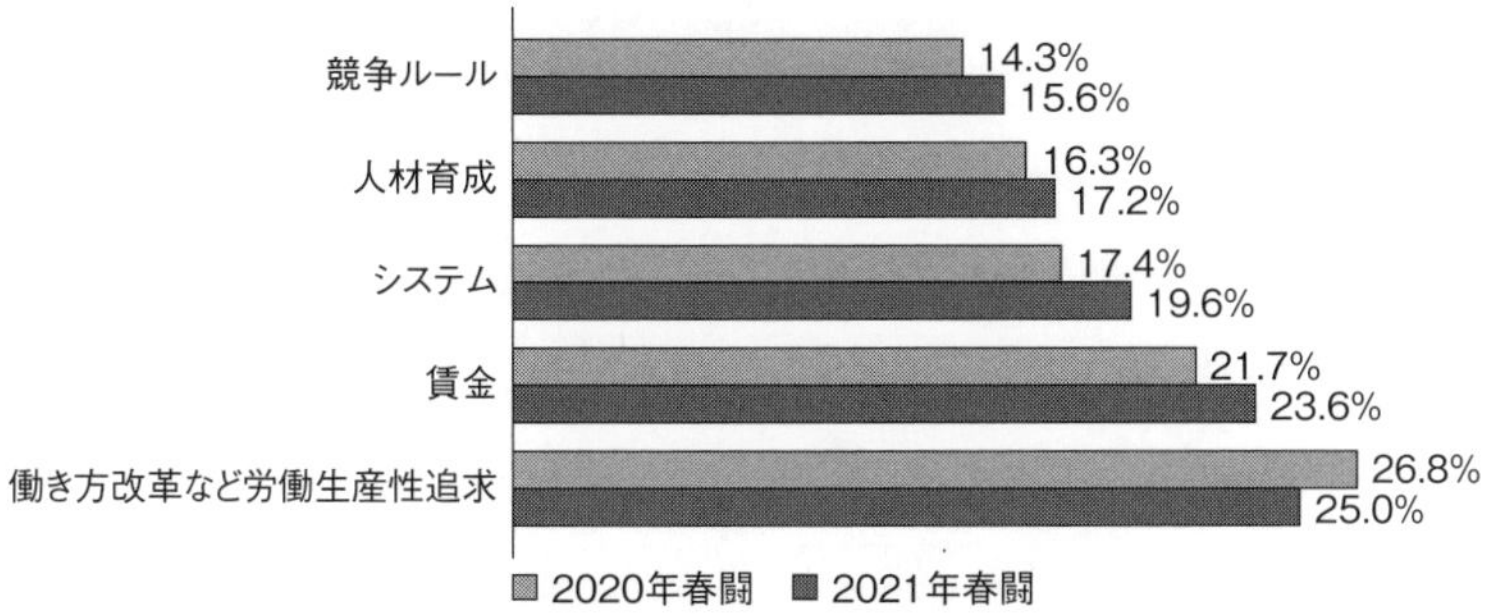

「2021 年春闘　生活と労働条件に関するアンケート」より

≪“生産性”“働き方改革”……誰のため？≫自由意見欄より抜粋

▼生産性という言葉を使われるたびに「機械じゃないんだけど！」と強く感じます。余った時間も「会社のために勉強に使うように」とか言われると納得がいかない。人財と言いながら、本当に社員を大切にしているのかと疑問が沸きます。（営業：女性）

▼機械化が進み、事務量が減っているのも事実ですが、それにも増して人を減らしているので、職場は忙しいままです。機械化は人々がゆとりを持つために活用してほしいものです。（営業：女性）

さらには、収益のみを重視し、労働生産性を高めることを至上命題として業務の効率化をはかろうとしています。大手社では、社内での照会業務や代理店など募集者からの問い合わせ、事故車両の鑑定業務などをＡＩ（人工知能）やＲＰＡ（ロボット）に担わせています。こうしたことを進めることで計画では、全業務量の二割から三割を削減することとしており、今後の大規模な要員削減が危惧されています。職場からは、「ＡＩに私たちの仕事、職場が奪われる」との不安の声も出されています。

そして、組織機構の改編による店舗の統廃合や事務集中による要員削減をすすめ、「女性の活用」を強調して処遇を変えず責任と役割だけを重くする働き方の「改革」も全社的に広がっています。ま

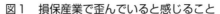

図2　不安に感じていること

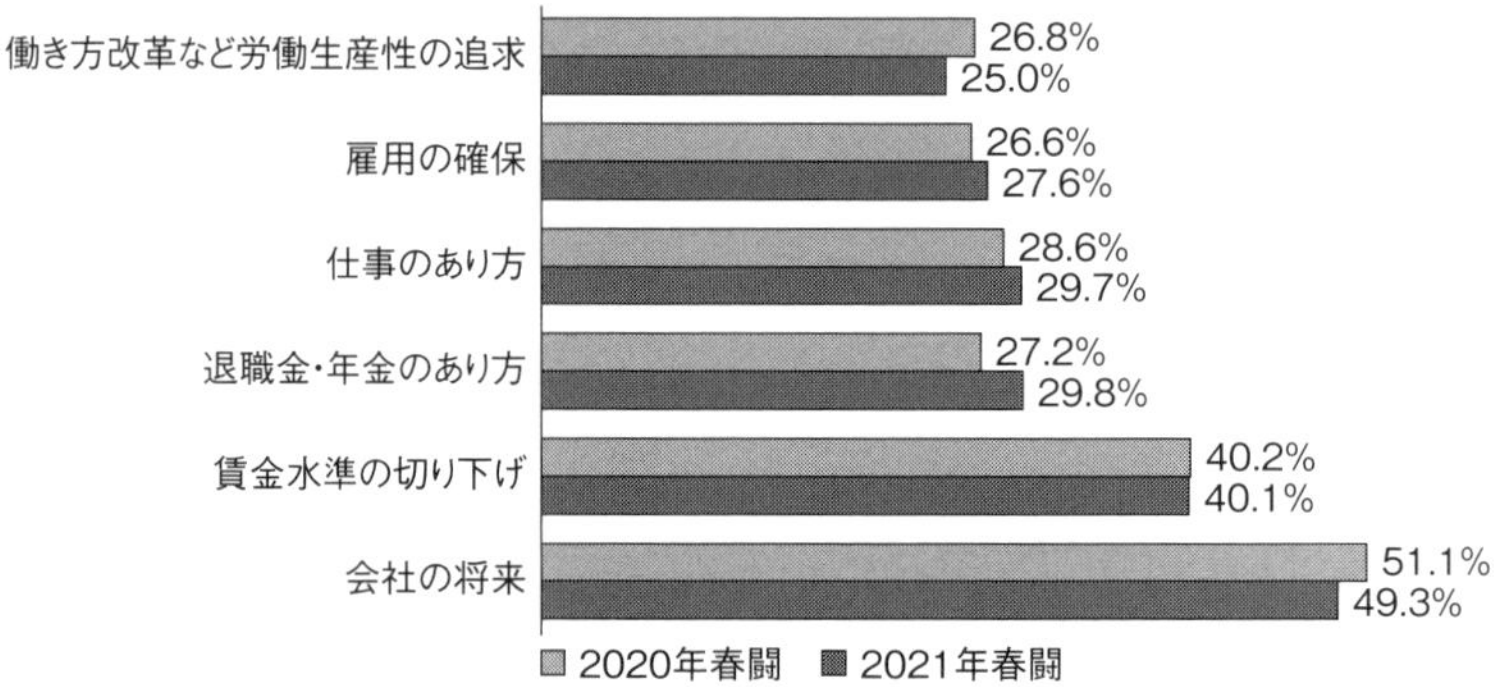

「2021年春闘　生活と労働条件に関するアンケート」より

≪コロナ禍で急変する働き方≫自由意見欄より抜粋

▼在宅勤務日数が新しいノルマになっている。ＳＣ職場（事故処理をおこなう損害サービスセンター）、特に内務はペーパーが全ての職場なので、ペーパレス化のインフラが無いのに在宅勤務は実態にそぐわない。ＳＣ内在宅勤務を始めている。社内（倉庫、会議室、自席）で在宅勤務（？）をしています。（損調：男性）

▼コロナ禍の影響で在宅勤務が増えているなかで、本社への照会などＦＡＸかメールでのやりとりしかできず、電話することができないのがつらい。言葉のニュアンス等、文章では伝わりづらく余計な手間がかかっている。（営業：女性）

▼新型コロナウイルス感染拡大に伴う影響で、募集を取り巻く環境が大きく変わろうとしています。会社は非対面募集、デジタル活用（証券のウェブ化、スマートフォンを活用した契約募集など）の強化などコロナ禍を理由に一方的に強引に推し進めています。顧客はパソコンやスマホを所有していることが当たり前と決めつけ、直接対話や紙による契約を好む顧客に対してのサービス向上は二の次とする傾向が見られます。誰にも平等でやさしさのある会社、産業であってほしいです。（外勤：男性）

た、損保の本来業務である災害対応も、「早期支払い」を指標とする競争が激化し、企業宣伝の「具」とされる実態があります。こうした施策が、職場に多様な歪みをふりまき、損保の社会的役割の喪失と、働く仲間の誇りと働きがいを奪い、雇用や権利、労働条件が脅かされており、職場の不安は広がっています。

●新型コロナウイルスで一気に変わる働き方

こうしたなか、新型コロナウイルス感染症の拡大を防止するために、損保の職場でも、出社人数を極力削減することが求められ、在宅勤務などテレワークの推進と対面業務の自粛がすすめられており、損保に働く者の働き方が一気に変化しています。現在でも、大手社では出社率の目標が五〇％程度、外資系では二〇％程度となっています。

一方で、各社の指示はその都度変わり、その指示も管理者によってばらつくなど、職場に混乱をもたらしています。また、自宅での執務スペースの確保、備品の購入や光熱費の負担、家族との関係など、テレワークにかかわって個々人に様ざまな負荷がかかる状況となっています。本来、会社の指示でテレワークをおこなうことからも、その環境整備は会社責任でおこなう必要がありますが、その対応は不十分なものとなっています。そして、各経営は、労働生産性を高めることを強調し、環境整備もおこなわないままに、今後もこうした働き方を推進しようとしています。

こうした状況について、職場組合員は以下のように疑問や問題点を指摘しています。

〈テレワークへの移行により混乱した〉

・パソコンやＷｉ―Ｆｉなどのハードウエアが整っていない

・環境整備が個人任せ

〈働き方の違いに戸惑う声〉

・最初のころは自宅待機状態

・紙と電話で仕事をしてきたのに

・会社資料を持ち出せないので答えることができない

・パソコンの前から離れられない

〈仕事と自宅の境界がないことがストレス〉

・部屋が無い。机が無い

・防音設備が無い

・子どもがうるさい

・仕事の会話を家人に聞かれるのはイヤ

※一方で、「通勤しなくてよい」「電話がかかってこない」「家の用事ができる」「無駄な会議、無駄な資料が減った」などメリットを感じたという意見も出された

（機関紙「全損保」二〇一五号より抜粋）

図３　定期的に在宅勤務をしていますか

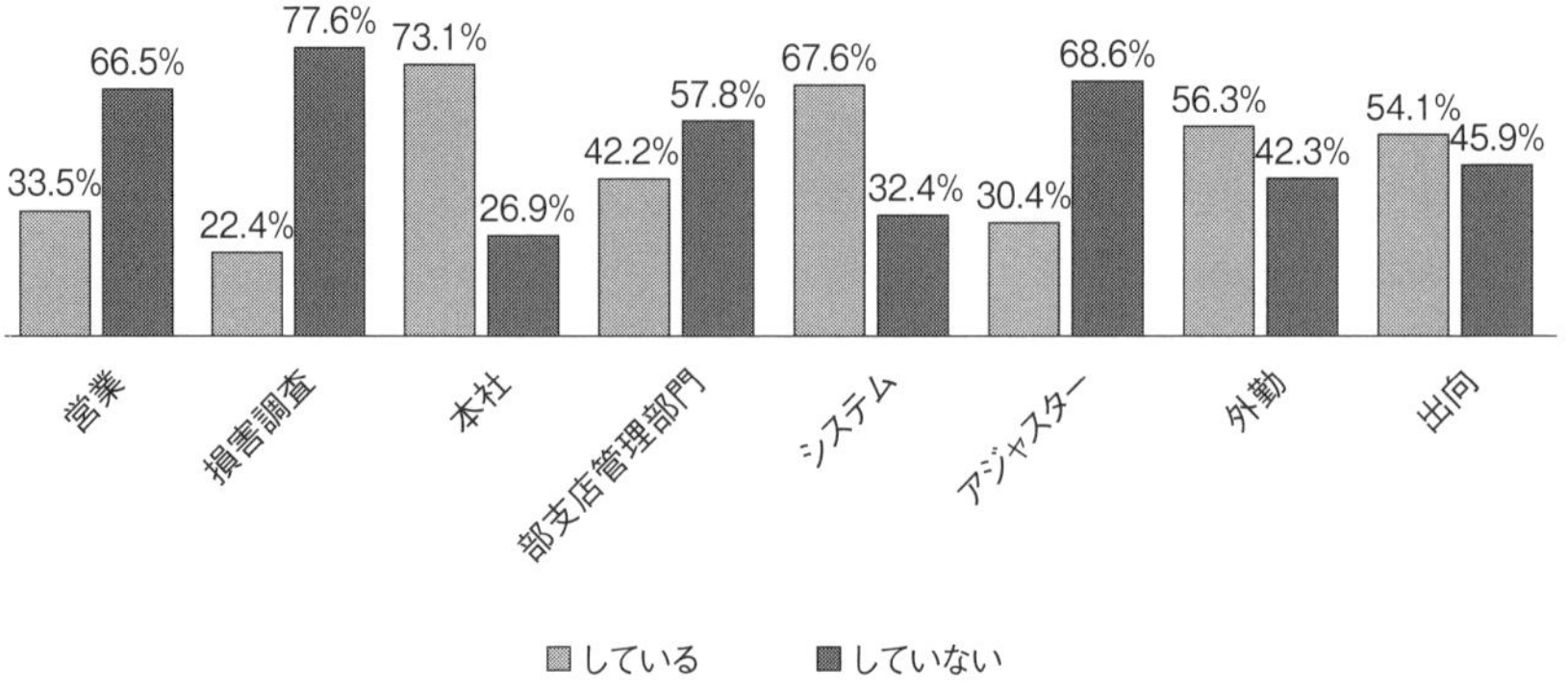

「在宅勤務に関する実態調査結果」より

●「在宅勤務に関する実態調査」の結果からは……

全損保では、職場の実態や声を集約し課題を明らかにすることを目的に、「在宅勤務に関する実態調査」を昨年末に実施しました。在宅勤務者も回答しやすいように、全損保のホームページからも、ＱＲコードを使ってスマートフォンからも回答ができるようにしました。その結果、一六四四名からの回答を集約することができました。

そのなかでは、在宅勤務を「定期的にしている」人が四三・三％となり、そのうち約四割の人が「週三日以上」在宅勤務という実態となっています。職種や業務内容によって在宅勤務の割合もばらついています。在宅勤務に使用する備品関係に関しては、パソコンを「会社から都度持ち帰っている」が六三・九％、「自宅のパソコンを使っている」が二一・五％となっており、会社からの貸与などはほとんどない状態です。さらには、光熱費や通信費などを会社から補助されていない人が約九割となるなど、会社業務をおこなっているにもかかわらず、費用を自弁させられている実態があります。

在宅勤務時における労務管理は、メールなどでの所属長への連絡、パソコンのログオン・ログオフ、自己申告など職場によって様ざまです。残業については、約三割の人が「無くなった」と答えていますが、「増えた」「変わらない」の合計が六〇・二％となっています。加えて、在宅勤務者が多くなっていることから、出社した人には、在宅者への連絡や庶務的な業務が負担となり、残業が増加している実態となっています。そして、「在宅勤務で良いと思うこと」については、約八割の人が「通勤しなくてもよい」と答える一方で、「悪いと思うこと」では、「人間関係が疎遠になる」が四三・一％、「仕事がとどこおる」が三四・五％と、仕事のやりづらさを訴えています。そして、具体的な

職場の声　（「在宅勤務に関する実態調査」の「在宅勤務について思っていること」より抜粋）

出社している人にも業務負担が・・・

◇電話・来客応対が減らないので、出社者の負担が多い。

◇在宅勤務している側は感染症のリスクが減るが、出社している側は電話対応などが大変になると感じています。分からないことを聞けなくなってしまうことが多いです。

◇在宅勤務を支社内で定期的に複数人数がしていた時は、正直、出社すると電話対応で日中の仕事が終わってしまうし、担当外の問い合わせも調べて回答しなくてはならなくてとても疲れました。

環境が整わず負担も大きい

◇家にパソコンがないので、本格的に在宅勤務がままならない感がある。補助などあればありがたい。在宅勤務はあいまいな感じがしてオンオフが難しい。

◇在宅勤務でのパソコン、プリンター購入からインク代、用紙代とお金がすごくかかる。コロナで郵送手続きも増え、いつも以上に郵送代がかかる。会社から金銭的に補助があればいいと思う。

通勤はないけれど・・・

◇毎日出社しなくて済むことで時間が有効に使えています。会議、打ち合わせが実施しづらい面がありますが、余計な話などに煩わせる時間がなく、仕事に集中できる。経費の負担は大きいが、今のところさほど逼迫していない。

◇通勤時間がなくなり、時間に余裕ができた一方で、職場の人との距離ができた気がします。

職種や地域で温度差も

◇損害サービス業務では在宅でできる業務とできない業務（極めて非効率な業務）が絡まりあい混在しています。

◇世間の常識・一般となっている状況で、地域性や要員の問題で在宅勤務をしなくていい（すべきでない）とされている部署もあることを認識してほしい。

意見では、様ざまな課題が明らかになりました。

●集まった声や実態から会社責任での環境整備を求める

このように、在宅勤務などテレワークは、多くの課題を抱えています。三月一七日に開催した第八三回定期全国大会の討論においても、こうした働き方に

図４　仕事の内容は出社時と比べてどうですか

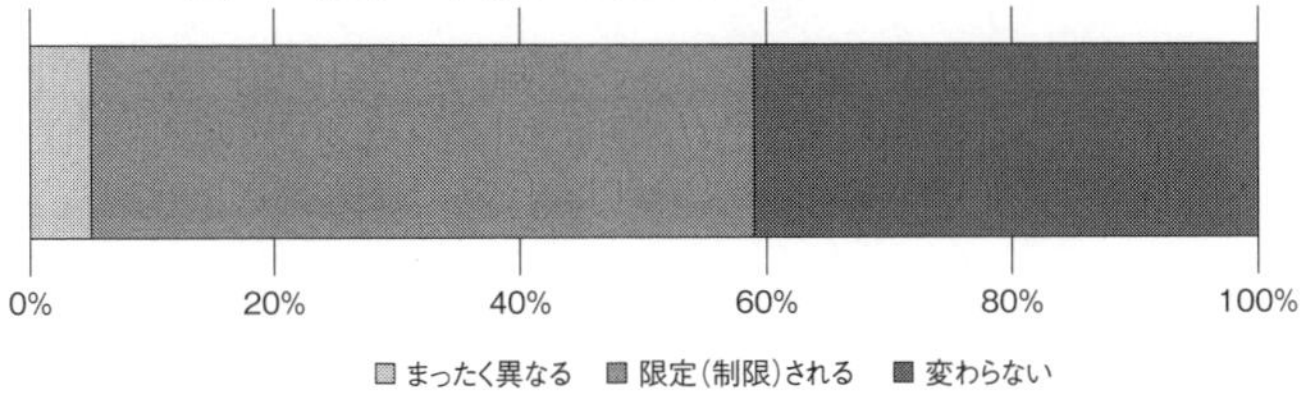

「在宅勤務に関する実態調査結果」より

図５　在宅勤務で悪いと思うこと（複数回答）

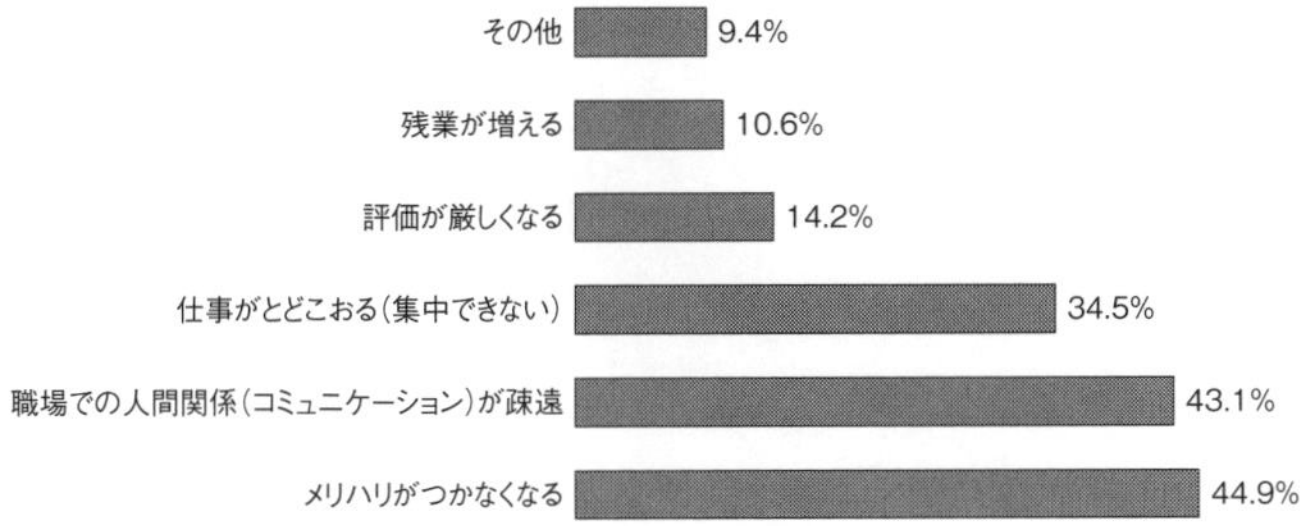

「在宅勤務に関する実態調査」結果より

対して、問題意識や改善が急務であるとした発言が数多く出されました。そして、多くの支部で、在宅勤務に関わる備品購入費用としての一時金の支給、光熱費や通信費の負担軽減に向けた手当の新設などを春闘要求に掲げ、いくつかの支部で「一時金の支給」「手当の新設」をかちとっています。

　今後も全損保では、この調査結果や声、具体的な会社施策と今後の動向を分析したうえで課題を洗い出し、会社責任で働きやすい環境整備の構築、会社による費用負担などを求めていくこととしています。

顧客と会えなくてもノルマは残る金融業界のリモートワーク

金融ユニオン書記長
田畑《たばた》　俊郎《としお》

コロナ感染拡大で、労働者にも「新しい働き方のスタイル」が求められるようになり、その代表的存在となっているのが「テレワーク」と称する在宅勤務です。しかしながら、金融機関の仕事は機械化が進められているとはいえ、リモートワークを可能とする仕事は、本部の一部管理部門に限定されています。

顧客情報保護と、特に「フェイス・トゥ・フェイス」を掲げる信用金庫などの地域金融機関では、地元の商店や中小業者などに直接、足を運ばない限り、仕事にならないサービス業であるだけに、今回のコロナ禍では「在宅勤務」というより、むしろ職場での「密」を避けるための「自宅待機」「交代制勤務」的な色彩が濃いものとなっています。

●メリットばかり強調されたけれど

職場に出勤せずに、自宅や自宅近くのサテライトオフィスなどで仕事をする、このリモートワークは、育児や介護との両立、通勤の負担からの解放などの利点ばかりが強調されていましたが、コロナの長期化に伴い、問題点も浮き彫りになってきています。

確かに、仕事と家庭生活との両立に困難を抱えていた労働者や、職場でのパワハラやノルマの締め付けなどに苦しんでいた労働者には、一定の「助っ人」としての効果はあったようです。

しかし、組合員からは、「在宅勤務が実際には育児や介護が終了した深夜の仕事になることも多く、労働者本人の健康にも悪影響を及ぼしている」「いろいろなコンテンツを見る作業や、コロナ禍での対面回避志向のお客さんとの在宅での対面営業が推進されているので、仕事に対する達成感・充実感がなくなった」「生活にメリハリがない」「家に長時間いることが必ずしも家族から喜ばれているとは思えない」など、メンタル面を中心に、否定的な報告も少なくありません。

三菱ＵＦＪ銀行では、「みんなが在宅勤務できるようになった」ことを理由に、在宅勤務の有無にかかわらず、従来、月九〇〇〇円だった昼食手当が一日勤務につき五〇〇円に変更されました。

多くの銀行の本部では、二人で仕事をやっている部門で、ひとりが一週間ずつ在宅勤務を交代して行うようになっていますが、そのことが逆にコロナ陽性者が発生したところでは、交代の労働者に二倍の仕事が襲いかかってきています。持病を有する組合員については、コロナ感染回避を最優先にして「テレワーク」要求を掲げ、本部勤務ということもあって、他の労働者よりも前倒しの「テレワーク」を実現させ、本人と家族から大変感謝されたケースも生まれています。

北陸銀行は、「銀行にとって在宅勤務をさせることのメリットとデメリットは何ですか」という、金融ユニオンからの質問状に対して「在宅勤務を経験できたことなどがメリット、生産性・効率性が下がってしまったことがデメリット」と答えています。

自宅待機・交代勤務の実施により、ふだん内勤者がやっている業務を渉外担当者も分担して、慣れない仕事に悲鳴があがり、「内勤の人も大変なんだ」との感想も出されています。

●コロナ禍でも「ノルマ」

顧客と接触すること自体、困難になっている状況のもとで、在宅勤務者にまで「目標」という名の「ノルマ」が課せられているケースもあります。さすがに目標数値は、現在の事情を考慮して、いつもの半分程度のようですが、職場からは「この異常事態でもノルマか」との声が大半です。半分程度のノルマであっても達成することなど、ありえませんし、リモートでの「未達責任追及」も聞き及んでいません。

飲食業をはじめ、いろいろな業種のお客さんが資金繰りに苦慮し、相談が増大しているなかで「困っている企業を助けないと……」という現場担当者の「よい仕事をしたい」使命感は、在宅勤務では、満たされることなく、日々、葛藤《かっとう》に苦しんでいるところです。

いま、労働組合として、警戒を強めているのは「在宅勤務や交代勤務で、職場が少ない人員でも何とか、仕事が回っている。だから、さらなる人員削減を」とリストラ「合理化」の口実に利用されないか、ということです。

金融庁が掲げる「顧客本位の営業活動の原則」が、金融機関の勝手な都合で、店舗を統廃合したり、さまざまな手数料の新設・引き上げなどで空洞化させられようとしているだけに、「在宅勤務と顧客サービスのあり方」を労働者の立場から見直すことが求められています。

子どもの学習のICT化　～GIGAスクール構想を考える～

さいたま市立小学校教諭　三嶋《みしま》　さとえ（仮名）

●はじめに

コロナウイルス感染拡大に伴う休校を振り返ったときに、子どもたちの学びをどう保障するかは大きな課題となりました。さいたま市では当初の計画を前倒しして二〇二〇年度内を目標に一人一台端末の配備が進められています。もちろん、今回の状況を考えると、オンライン授業の条件整備を進めていくことは必須で、とにかく一刻も早く導入をと考えることは当然の流れかも知れません。

しかし、子どもの最善の利益を中心に学校教育を考えたとき、ＩＣＴ教育の駆け足の導入は危険な側面がいくつもあると考えられます。特にこの期に乗じて参入を強めてきた民間企業の動きには注意が必要で、本来各学校にあるはずの教育課程編成権にも介入を強めています。ＩＣＴ教育の問題は、普及が早いか遅いか、使い勝手がどうか、ということだけではなく、より根深いところにあると指摘されています。

子どもはタブレットにお守りをされて成長するものではありません。ここでは、今さいたま市で行われているトップダウン体質の教育行政、学校での子どもたちの実態、始まりつつあるGIGAスクール構想（Global and Innovation Gateway for All の略）、そこから引き起こされる問題を考えていきたいと思います。

●さいたま市のトップダウン体質

私の勤めるさいたま市では「どこよりも早く」とGIGAスクール構想が進められています。二〇二〇年一二月末に全教員が視聴した研修動画の中では、経済産業省教育室長浅野大介氏が基調講演を行い、さいたま市を「文科省、経産省ともにお手伝いをさせていただきたい」GIGAスクール構想実現のための「パートナーの自治体」であると述べています。

この一年間さいたま市では細田眞由美教育長の「日本一の教育都市」「日本一早く」の掛け声のもと、子どもや学校の状況を省みないトップダウン形式の施策が続いています。その中では子どもや教職員は一律な態度を求められ、数値で縛られ、序列化が推し進められています。世論の批判を浴びた

「医療従事者に一〇万人の拍手を届けます」の取り組みは氷山の一角であり、このコロナ禍のさなかに小学六年生に英語民間試験を導入したり、各学校に「いじめ防止動画」作成を求め、粗悪な同意書で児童生徒の姿を市の公式You Tube動画に載せようとしたりしました（この動画については新聞にも取り上げられ企画が変更となりました）。現場の声を聞かず人権意識が十分でない姿勢に、今後ＧＩＧＡスクール構想が具体化されていく際にも大きな不安が感じられます。

●デジタル授業「さいたま市スタディエッセンス」の問題

二月二七日突然の休校要請のニュースが学校を駆け抜け、その後の卒業式、入学式に至っても混乱が続きました。さいたま市でも学校現場は度重なる実施形態の変更に翻弄《ほんろう》される毎日でした。そのさなかに「どこよりも早く」と市内全小中学校で全教科全単元の学習動画を作るよう指示が下り、さらに四月末には、「デジタル授業、五月一一日から開始、さいたま市の全小中学校の生徒一〇万人対象」と新聞報道がありました。現場はびっくりです。そもそも、この動画は「休校中の学習保障ではなく、ＩＣＴ教育の一環」として作成するよう説明されていたので、学校には著作権のため教科書は使ってはいけない、長い単元でも一五分で作成するなどの制限が課せられていたのです。案の定、この「スタディエッセンス」は混乱を招き、教員はネット上で「先生‼ ひょっとして、このレベルで今まで学校の授業をしてたとか言わないですよね？」と痛烈な批判を浴びました。準備作成に追われた疲労感と、それが子どものためになっていないという空虚感に多くの教員が苦しみました。

この休校中の教育の大きな問題点は、子どもや家庭への学習負担です。家庭のネット環境は「九四・三％がアクセス可能」と報道されましたが、在宅勤務が増える中、家庭にパソコンがあっても子どもが自由に使えるとは限らないし、小さなスマホでは何時間も集中することはできません。

さらに大切なのは、傍《そば》で励まし見守ってくれる大人の存在があったかどうかです。小さいお子さんを抱えたり、仕事に追われたりする中で、我が子に付き添って新学年の学習を行わせることは大変です。特に深刻だったのは生活困窮家庭です。給食がないことで体重の減ってしまう子どもや、生活不安や虐待などで強いストレスを抱えながら生きる子どもたちが、膨大な宿題を前にして、自分でテーブルを片付け鉛筆を持つことができるでしょうか。当該家庭に行ったアンケートでは実に四割の子どもが一日の学習時間が〇分から一〇分だったとされています。

あの時子どもたちに必要だったのは、誰でも使える（であろう／かも知れない）付け焼刃の学習動画ではなく、温かさの感じられる励ましと、やってみたいと思わせる家庭学習の提起だったのではないかと思います。人間として大切な学びを子どもは敏感に感じ取ります。そうした学習を提供できるのは、子どもの実態をつかむ人間としての「教師」であり、決してコンピューターではできないことだと思うのです。

●「人材」育成のための「GIGAスクール構想」

ＧＩＧＡスクール構想の背後にあるのは「Society5.0」構想だと言われています。人類社会の発展段階として狩猟社会、農耕社会、工業社会と進み、現在は第四段階の情報化社会であり、Society5.0の段階ではすべてのモノがインターネットとつながって、経済も発展し社会的課題も解決できる人間中心の社会が実現できるという考えです。ＧＩＧＡスクール構想は二〇一九年一二月に閣議決定され、「児童生徒に一人一台の端末」で「多様な子どもたちを誰一人取り残すことのない公正に個別最適化され、創造性を育む教育ＩＣＴ環境を実現」するものだとしています。前述の研修動画の中で教育長も「子どもたちは好むと好まざるとに関わらずSociety5.0の世界に生きて働く人材」であると発言しており、公教育が子どもたちの豊かな学習保障ではなく、「生きて働く人材」作りに変質していることを露呈しています。教育長は「あいさつ」の中で次のように強調しています。

①タブレットは「すべての授業で毎日毎時間使う。デバイスは、鉛筆でありノートであり教科書・資料集でありマストアイテム。六五〇〇人の教員全員がここを押さえていただきたい。登校したらデバイスを机に置いてそこから一日が始まる。」

②「子どもたちは視覚優位。ＩＣＴを使えばそれだけで授業は格段に生き生きとしてくる。」

③従来の一斉授業については「賞味期限がきている」から「『ＧＩＧＡスクール構想』のもたらす次の学びのスタイルが必要不可欠である。」「『未来シード』（ベネッセ）の活用で個別最適化が図れる。到達度に合わせた演習問題の提供ができる。」

こうしたＧＩＧＡスクール構想による教育の転換について、法政大学教授の児美川孝一郎氏は次のように指摘しています。

「能動的な学習主体（アクティブ・ラーナー）が自らの学びをデザインする、といった甘美な装飾でカモフラージュされてはいるが、ここで主張される転換とは、とどのつまりは、従来の学校の枠を取り払ったうえで、子どもたちの学びを徹底した能力主義に基づいて個別化し、自己責任化していくことを指すのである」（「ＧＩＧＡスクールというディストピア」『世界』二〇二一年一月号）。

同様に、子どものネットリスク教育研究会代表の大谷良光氏は、現在の小中学校におけるオンライン教育の問題の一つとして次のように述べています。

「活動空間が過密な教室、新自由主義的学力競争、子どもも教師も精神的ゆとりのない学校の実態とかけ離れた、一人一台の端末配備によるＩＣＴ（情報通信技術）教育で学びが変わる（令和の学び）などと幻想をばらまいていることです。この動向は、現在の学校状況を鑑みずマスコミの一部も加担し流布されています」（「コロナ禍でのオンライン教育の現状と問題点」『新婦人しんぶん』二〇二〇年一〇月八日号）。

ＧＩＧＡスクール構想が実現されればバラ色の世界が待っているわけではありません。ＧＩＧＡスクール構想の恐ろしい点は、子どもたちを能力別に分断し幼い頃から学習履歴をビッグデータで管理していくこと、それをマイナンバーにも紐《ひも》づけしようとしていること、蓄積された学習履歴などが進学や就職にも「活用」されていくことです。全人格の完成を目指して行われてきた公教育が「使える人材」の育成及び掌握のシステムとして、今まさに変質させられようとしています。

●点数化できることは、学びの一部にすぎない

小学校中学年の英語で、季節の授業をしたときのことです。グループごとに大きな紙に一つの季節から連想するものを描きました。すると、ある女の子が「Ａ君がふざけて困る。冬の絵を描くのに、ナメクジを描いている」と相談にきました。見に行くと確かにＡ君の手元には小さなナメクジが二〜

三匹描かれていました。「どうして『冬』にナメクジを描くの？」と聞くと、「だってね、植木鉢をどかすと、こうやってナメクジがいるんだよ」と答えました。A君は、きっと冬の寒い日に庭先に座り、大きな植木鉢をじりじりと動かしてナメクジを見つけたのでしょう。「え、こんなところに？こっちの鉢の下にもいた！」A君は決してふざけていたわけではなく、確かに「冬」を描いたのです。A君の言葉にみんなは、なるほど、本当だね、『冬』の絵だねぇと感心しました。

この気づきは、例えば理科なら生き物の生態や季節ごとの変化の理解に、国語ならば詩や作文の創作に活かせるでしょう。みんなが驚いて「すごい！」と言ってくれたことで、この発見はA君に自信を与えるでしょう。A君は悪のりしてばかり……と思っていた子も、A君への見方が少し変わるかも知れません。そうして蓄えられた「力」が知識としてつながり、深まり、科学への認識に、同時に他者への理解につながっていきます。もしこれがコンピューターの課題だったとしたら、「冬はナメクジ」という発想が「正解」になるでしょうか。

GIGAスクール構想は、知識を効率よく習得し、余った時間で得た知識をたくさん深め合えるから有益だと言います。しかし、子どもの知識は、たとえささやかであっても驚きや感動、時に怒りなどの感情の揺れ動きや友達との共感の中でこそ深く身に付いていくものだと感じます。学校とは、子どもたちが少しずつ自信や楽しさを積み重ねて、学力とともに心も育ち合っていく場所であると信じます。

●民間企業の参入が学ぶ中身を変質させる危険

五年生の社会科では公害の学習があります。この単元の「北九州の青空を住民と行政、企業の協力で取り戻しました」という内容には驚かされました。教科書には、どれほど多くの人が苦しみ差別を受けて亡くなったか、公害がどんなに長いこと放置されてきたのかなどの事実が書かれていないのです。水俣病、イタイイタイ病などの四大公害病に至っては、わずかな説明とともに一覧表で名称や場所等が示されているだけです。人類的な課題であるはずの環境汚染や公害が、単なる「知識」事項として矮小化され「短時間で習得する」べき事項に組み込まれていることは大きな問題だと思います。

そこで授業は、まずは水俣病を中心に、古いけれど克明な図書館の資料を使って導入しました。授業を進めるうちに、自主学習で足尾銅山鉱毒事件を詳しく調べてくる児童も出てきました。次の年は、その自主学習をうけて、単元の導入で足尾銅山鉱毒事件も扱いました。子どもたちは行政や会社側の非人道的な対応に怒りを露《あらわ》にしながら、塾に行って予習しているとか、ふだんのテストの出来不出来などまったく関係なく、真剣に写真に見入り、年表を読み解いていました。

今公教育に導入されようとしているＧＩＧＡスクール構想では、民間企業の参入を前提としています。公害は昔の話ではありません。現在でも営利を優先して規制の緩い外国で多量の農薬を使わせバナナを作っている企業があり、現地では健康被害や環境被害が深刻です。もしこうした企業が公教育に参入するとしたら、その学習内容は公平な事実に基づいたものになるでしょうか。「現地の人をたくさん雇用し、若者に夢を与えている」などと歪曲されることはないでしょうか。公害以外でも、例えば下請けを圧して大きな利益を得ている大企業が、クリーンで先進的な開発をしていると美化されることはないでしょうか。企業から刷り込まれた回答を書けば「正解」で、用意された狭い土俵での本質の見えない学習になりはしないでしょうか。子どもたちの学習の内容と質が企業に握られることに大きな不安を感じます。

●家庭の状況が教育格差を増大させる危険

再開後の学校では長時間YouTubeやSNS、ゲームをやることが習慣になってしまった子がいます。栄養不足による痩せと運動不足による肥満。長い自粛生活での不規則な生活。学習が続けられずに九九や漢字を忘れてしまった子どもも、休校中ずっと一人で留守番をしてきた子どももいます。

家庭で満たされない子どもは猛烈に人間関係を求めてきます。休校からだいぶたった今でも「放課後、先生に二〇秒抱っこしてもらうこと」それだけを励みに学校に通っている子もいます。勉強にも生活にも無気力になった子どもは、授業中に力尽きて床に寝そべってしまいます。担任はそれでも一緒に過ごそうと、校庭にも図書室にもその子を抱えて連れて行きます。給食着をずっと洗ってもらえない子どもがいると、自宅に持ち帰って洗濯してくる教員もいます。そうして子どもの生活と心を支えながら、毎日を過ごしているのです。

教育長は「これまで学校では教員がお膳立てをするように学習を進めてきた」が、GIGAスクール構想では「何よりも子どもの自主性が大事」だと強調しています。学びが自己責任化される施策の下で、誰が最初に切り捨てられていくのかは火を見るよりも明らかです。

●おわりに

先日の新聞報道で、さいたま市に三〇〇〇人規模の「義務教育学校」が創設され、憩いの場である大きな市民プールが無くなることを知りました。これには地域住民からも学校からも驚きの声が上がりました。資料には見栄え良いレイアウトに根拠のない言葉が並んでいて、まさに「実態とかけ離れた妄想」を見る思いがしました。教育課程の再編をするというこの四・三・二制の学校が、能力に応じて個別最適な学習を進めるＧＩＧＡスクールの実験校になるのではないかと心配です。

コロナ禍で明らかになったのは、人と人とのつながりの大切さです。その意味でも少人数学級の実現は大きな意味があります。今後また感染症が拡大することがあっても、密を避けるためにも、きめ細やかな言葉かけや学習対応するのにも抜群の効果があるからです。埼玉県では令和三年度に向け小学三年生の三五人学級を実現しようとしていますが、さいたま市だけが「予算不足」を理由にこれを行わないと公言しました。

ＧＩＧＡスクール構想を進めるときに、現場の教員が意思を持って、子どもにとって大切なことを見極めていく必要があると感じます。海外でも健康被害、民間企業参入による公教育崩壊など深刻な事例が次々と報告されている中、この動きを批判的に検討し、何をどう使うのか決めていくことが求められていると思います。

テレワーク・在宅勤務をジェンダーの視点から考える

弁護士　田巻《たまき》　紘子《ひろこ》

1　はじめに

私は名古屋市で小学生の子どもを学童保育を利用して育てながら、弁護士をしています。テレワーク・在宅勤務をジェンダーの視点から考えるとき、まず、二〇二〇年三月からの学校いっせい休校と同四月からの全国いっせい緊急事態宣言によって子どものケアを含む家事労働とテレワーク・在宅勤務が重なったことの影響を挙げたいと思います。それは、子育て中である私自身が「とってもしんどかった」という経験をしたためですが、種々の調査により、私だけの問題ではなく、日本社会で広く同様の経験をしていた方々がいたことを知りました。

また、感染防止のためのテレワーク・在宅勤務を選択したくても選択できない業種や働き方が、相対的にみて女性（母親）に多く割り当てられている、というのが私のまわりでの状況でした。種々の調査結果を踏まえると、この点も私のまわりだけのことではなく日本社会全体の状況であると言えそうです。この点は後に詳しく触れることができませんが、感染という危険がある中でテレワーク・在宅勤務を選択できない労働者への手当を制度的に導入する必要があるのではないかと考えます。

他方で、テレワーク・在宅勤務が導入されたことにより、職場でのハラスメント被害から解放された方がいます。ハラスメント被害から解放された背景には、職場におけるジェンダー問題が潜んでいると考えます。

テレワーク・在宅勤務をジェンダーの視点から考えるにあたり、私自身の経験を踏まえて一点目を中心に取り上げ、課題を明らかにしてみたいと思います。

2　子どものケアを含む家事労働とテレワーク・在宅勤務が重なった影響と課題

(1)　突然の全国いっせい休校で家庭に求められた子どものケア

二〇二〇年三月二日から五月三一日まで、全国の小中高・特別支援学校がいっせい休校となりました。いっせい休校方針の報道がなされたのは二月二七日木曜日夕方であり、子どもたちは二八日を最後に長いいっせい休校に突入することになりました。突然学校が閉まり友だちにも先生にも会えなくなるという初めての経験、「新型コロナ」という初めて接する病気への不安など、子どもたちの心への影響は決して小さくありませんでした。いっせい休校期間は、夏休みなどの長期休暇に比べて長かったというだけでなく、不安をいっぱい抱えた子どもたちを各家庭でケアする必要が生じた期間であったといえます。

そして、夏休みなどの長期休暇に比べて期間が長く、年間カリキュラムでは想定されていない三か月の休校期間中、子どもの学習を保障する必要がありました。しかしながら、同時双方向型のオンライン指導を通じた家庭学習はいっせい休校対象校の五％で実施されていたに過ぎず（注1）、ほとんどはプリント配布による家庭学習でした。学校で習ったことの復習のプリントであれば一人でできる子どもでも、新しい分野を一人でプリント学習できるとは限りません。子どもが通う小学校では新年度以降、新しい教科書にしたがった課題が出されるようになり、私も子どもと一緒に、種をまいて発芽の様子を観察したり、学校が推奨するネット上の教育番組を探して一緒に見たりしました。

子どもが家にいると、食事作りも必要です。私一人なら適当にありあわせを詰めた弁当で事足りますが、子どもがいるとそういう訳にはいきません。いっせい休校後半には「はやく学校で給食を食べてほしい」と切実に願いました。家にこもりきりとなり、ストレスをためる子どもと一緒に外に行って体を動かすこともしました。私の配偶者も、子どもと一緒に遊ぶなどのケアを担いました。それでも、普段なら仕事にあてている時間のうち半分程度は子どものケアに必要だったというのが実感です。

（2）子どものケアを家庭に担わせることと保護者の就労のバッティング

学校がいっせい休校に入った後も、保育所、放課後児童クラブ（学童保育も含まれる）、放課後児童デイサービスは厚労省より原則開所との方針が、幼稚園は文科省よりいっせい休校の対象としないとの方針がそれぞれ示されました。そのため学童保育は通常通り利用することができますが、その場合、前述した学校からの課題に取り組む際のケアは時間的制約を受けます（学童保育などは生活の場であり、学習の場ではありません）。

学校以外に日中の子どもの滞在先を持たない親の中には、家にいる子どもを見るために仕事を休まなければならない親、ずっと仕事を休む訳にはいかずテレワーク・在宅勤務に切り替えて仕事をした親、やむなく仕事をやめた親がいたと思います。子育て中の親を雇用している使用者側からみても、子どものケアのために労働者を休ませ続けることはできない、テレワーク・在宅勤務にするから仕事をして（明言しないけれど合間に子どもをケアして）ほしいということがあったと思われます。

(3) 緊急事態宣言による利用自粛と保護者の就労のバッティングの深刻化

子どものケアと保護者の就労のバッティングをより深刻にしたのは緊急事態宣言（二〇二〇年四月）でした。感染拡大を防止するため「ご家庭での見守りが可能な場合には、できる限りご家庭で過ごしていただくようお願いいたします」という自粛要請等が行政からなされたのです。

その際、「ご家庭での見守り」にテレワーク・在宅勤務の親は含まれない、そう明言されれば状況はまた違うものになったかもしれません。ですが、「在宅」の定義は曖昧であり、「在宅」ならば子どもがみれるはずという雰囲気が広がったことは否めません。背景事情として、子どものケアに必要な労力の軽視と、各施設における施設基準と人員配置の貧困（注2）があります。「親が家にいるなら子どもも家で過ごす」という雰囲気を後押ししました。

（4）「在宅」勤務と子どものケアのバッティングがもたらした長時間労働

このようにしてテレワーク・在宅勤務と子どもの日中のケアの両方を担う親が生じた結果、テレワーク・在宅勤務時の「労働」の長時間化が生じました。

私は弁護士ですので、指揮命令を受けて働く訳ではありませんが、裁判手続や種々の会議・打合せが電話・ウェブを利用して行われるようになり、自宅で仕事をして（職場には行かずに）、同時に子どもをケアする日がそれなりにありました。午前中は子どもの課題を一緒に行い、あっという間に昼がきて昼食を作って食べさせ、電話をかけ、ウェブ会議に参加し、すぐに夕方がやってくる、文書の起案は夜中に行う、そんな日が少なくありませんでした。二〇二〇年四月の国による緊急事態宣言下、法廷や調停室を利用する裁判期日は原則として取り消されましたので、仕事量は相当減ったはずでしたが、それでも深夜までかかってその日の仕事がなんとか終わるかどうかという生活でした。考えてみれば、学校と学童保育が担っているケア（の一部であっても）を引き受け、自分の仕事もするというのは無理な話なのです。

緊急事態宣言下における子どものケアとテレワーク・在宅勤務のバッティングにより、長時間労働が生じた経験は、私だけのものではなかったようです。落合恵美子氏、鈴木七海氏がウェブを利用して行った在宅勤務緊急調査（二〇二〇年四月八〜一五日）をまとめた記事（注3）には「『家事の量が増加し、子どもの世話と、子どもの勉強をみることとが増えたところに、仕事量は変わらないので、睡眠時間が激減した』『保育園に預けられなくなったので、家で夜間勤務になる。一歳半の子供がいる状態で仕事はほぼできない』『子供が構って欲しがるため仕事が進まないけど、仕事の量や成果は変わらない』など、子供の世話をしながらの在宅勤務の難しさを訴える声が延々と続く」と指摘されています。同調査中、在宅勤務による家事負担の増加を尋ねる質問については「全回答者の三割が家事の総量が増えたと認識しているが、男女の間に差があり、子どもがいる方が、しかも休校・休園中の子どもがいる方が、そう認識している割合が男女とも高い。自分の家事分担が増えたという認識についても、ほぼ同じ傾向が見て取れる」とも指摘されています。在宅勤務に子どものケアが重なると女性の負担が増えるという結果です。また、保育所運営側が行った調査として、横浜市のNPO法人さくらんぼ・NPO法人ピッピ親子サポートネットが保育所等利用者を対象に行った調査（二〇二〇年八月七～二一日）があります。同調査（注4）においても、自由記述欄に「育児をしながら仕事をすることが大変だった」「仕事＋家事＋育児で常に追われている状況だった」「解決策として早朝深夜に仕事をすることになった。休む時間がなく精神的にきつかった」「自粛期間中の仕事は半分以下しか男女関係なくできなくなるのが当然ということをもっと積極的に周知して欲しい」との声が寄せられています。在宅勤務において求められる一人前の仕事量をこなしながら子どものケアを行うことの無理が、この調査でも明らかにされています。

(5) ジェンダーの視点を欠いた制度設計・運用の課題

二〇二〇年春に子どものいる家庭で生じたのは、子どものケア・家事と使用者から命じられて行う労働とが、子どもの在宅と親のテレワーク・在宅勤務導入によって正面から衝突し、その結果、とくに女性労働者の負担が過重となった事態でした。これは、コロナ禍以前からのジェンダーの視点を欠いた制度設計・運用が生み出した問題であったと考えています。

まず、子どものケアが日本社会では「透明化」させられ、その必要が抜け落ちた制度となっていたことです。学校いっせい休校下でだれが学習権保障をするのか、仕事は休みにならない中で保育所等の閉所・利用自粛要請に対応するにはだれが子どもをケアするのか、その発想が抜け落ちたまま学校休校と自粛要請がすすめられました。賃労働に従事せず家族のケアに専念できる大人（専業主婦）が家庭にいることが無意識の大前提とされており、共働き世帯あるいはシングル世帯にとって負担が大きくなりました。そしてその負担は、社会全体に根強い性別役割分担の考え方の下、多くが女性に集中したといえます。家族のケアをする必要がある場合、労働者への経済的影響を最小限に抑えて職場離脱を認める制度設計が必要です。

加えて、テレワーク・在宅勤務が「労働」であって、家族のケアを正面から担いながら行い得るものではないという認識が欠如していました。家族のケアは職場には関係ないということではなく、労働者にテレワーク・在宅勤務を行ってもらいたい使用者としても、労働者が在宅で就労に専念できる環境を確保する義務があるのではないでしょうか（注5）。

3　職場におけるジェンダー問題へテレワーク・在宅勤務がもたらした変化

「テレワーク・在宅勤務」の特性が活かされ、ジェンダー問題の解決につながった面もあります。

一つは、移動時間（通勤時間を含む）がなくなったことによる負担減です。労働と私生活の境目を画しがたいという課題と表裏ですが、テレワーク・在宅勤務は「どこでもドア」を手に入れたようなものです。移動時間がなくなり、女性労働者も男性労働者も、労働時間以外の生活時間へより多く、自分の時間を振り分けることができるようになった側面があります。

二つは、出張や研修の機会の保障を受けやすくなったことです。宿泊や残業（移動時間を含む）を伴う出張や研修には、家族のケアを担う労働者（その多くは女性）は参加しづらく、そのことが職場における待遇格差につながる側面がありました。オンライン会議・研修により、これらの課題が技術的に解消されました。私もオンライン会議・研修の恩恵を大いに受けています。

三つは、職場内の意思決定システムが一部解体されたことです。日本の職場においては、本当に大事なことは職場で行われる公式な会議ではなく、非公式な集まりで決まることが少なくありません。非公式な集まりに参加できる〝メンバーシップ〟を獲得するために、就業時間後の会食に参加することが求められてきました（「飲みニケーション」）。飲み会を断らないことを仕事の心得として語った官僚の発言は、まさにこの〝メンバーシップ〟に加わることの重要性を明らかにしています。他方で、時間的制約やジェンダー差別のためにその場へ参加できない労働者（女性労働者の大多数）は、この〝メンバーシップ〟から排除され、実質的な職場の意思決定からも排除されてきました。この意思決定システムを一部解体したのがコロナ禍による会食禁止及びテレワーク・在宅勤務の普及です。実際、私が相談を受けていた労働者にも、以前は職場内の情報共有から巧妙に排除されハラスメントを受けていたけれど、職場全体がテレワーク・在宅勤務に移行した結果、情報共有が公明正大となってハラスメントから解放されたという方がいます。今まで自分に情報を与えず、仕事をさせないことで仲間はずれにしてきた上司・同僚たちが顔を合わせる機会を失い、その結束力も弱まってハラスメントを行えなくなったんです、と言われていたのが印象的でした。

4　おわりに

テレワーク・在宅勤務によって明らかになった上記の諸課題は、もともと日本の職場あるいは社会に存在していた課題でしたが、私的空間と賃労働の区別を画しがたいというテレワーク・在宅勤務の特徴によって顕在化したものです。賃労働はそもそも私的空間（子どものケア、家事などを含む）に支えられてこそ可能となるものであり、私的空間における「犠牲」を賃労働の前提としてはならない、という当たり前のことを制度設計に取り入れる契機としていきたいと考えます。

【注】

1　数値は、文部科学省が令和二年四月一六日一二時〇〇分時点でとりまとめ、同月二一日に発表した「新型コロナウイルス感染症対策のための学校の臨時休業に関連した公立学校における学習指導等の取組状況について」による。

2　保育所、学童保育等においては、現在の制度上、子どもの人数の割に狭い（施設基準が貧困）、子どもをケアする大人の数が少ない（人員配置が貧困）という課題がある。普段から、過密状態で生活しているため、感染を防ぐ（密を防ぐ）ためには、施設を利用する子どもを減らす必要がある。

3　落合 恵美子、鈴木 七海「睡眠時間激減…在宅勤務で「子どものいる女性の負担増」という現実」 https://gendai.ismedia.jp/articles/-/72531?page=1

4　特定非営利活動法人ピッピ・親子サポートネット「コロナ禍における保育園利用自粛要請時の家庭状況調査」 https://npo-pippi.

net/2020/12/28/5473/

5　この点、男性労働者を雇う使用者による公平な負担が不可欠であると考える。子どものケアや家事が女性に偏っている現状は、男性労働者を雇う使用者が、自らは雇用していない女性労働者と女性労働者を雇う使用者の負担にいわば「タダ乗り」しており、不公平な状態である。

〈コラム②〉 快適さを売りものにするテレワークグッズだが……

テレワーク・在宅勤務が呼び掛けられるなかで、パソコンやリモート会議用の器材、自宅の一部を作業スペースにするためのパーテーションなどが売れているようです。商品開発を進めるメーカーだけでなく、「巣ごもり」現象による減収分を確保したい鉄道会社やホテル、商業施設などもスペース提供に乗り出すなど、テレワーカーをターゲットにした商品やサービス提供が新たな〝ビジネスチャンス〟になっています。

たとえば鉄道会社は、駅の一部にブース型の個室をつくり「エキナカを中心とした好立地で、個室性にこだわったワークスペースを提供しています」と、「シェアオフィスサービス」を始めました。商業施設などでも同様の事業が始まっています。

ほかにも「インカーワーク」を売り物に、自家用車の運転席にセットできるパソコンスタンドや車内で電源をとれるカーインバーター、疲れにくいクッションなどを開発し、運転席を仕事場にするための商品開発を行う会社もあります。

また、自宅で、子どもの遊び声などを気にせず集中できるコンパクトな作業スペースとして、「テント型のインスタント個室」も売れているそうです。誰にも邪魔されない一人だけの空間というのが売り込み文句です。

テレワーク中は、会議もオンラインになります。自分の姿の背後に雑然とした部屋や家族の姿が映るのは困るという人のために、「背負い型背景隠しダンボール」というのも開発されました。腕を通してダンボールを背負うことで背景を隠すことができるそうです。

しかし窮屈な自動車の運転席で長時間キーボードをたたいたり、薄暗いテントでパソコン画面を見続けたり、段ボールを背負って会議をすることが快適な労働環境でしょうか。無理な姿勢での作業は労働者の心身に負荷をあたえ、新たなストレス要因になります。またこれらの資材を買いそろえたり、施設を利用したりする費用についても労働者の自己負担というところが多いようです。

こういう点についても十分な検証が必要でしょう。

（「学習の友」編集部）

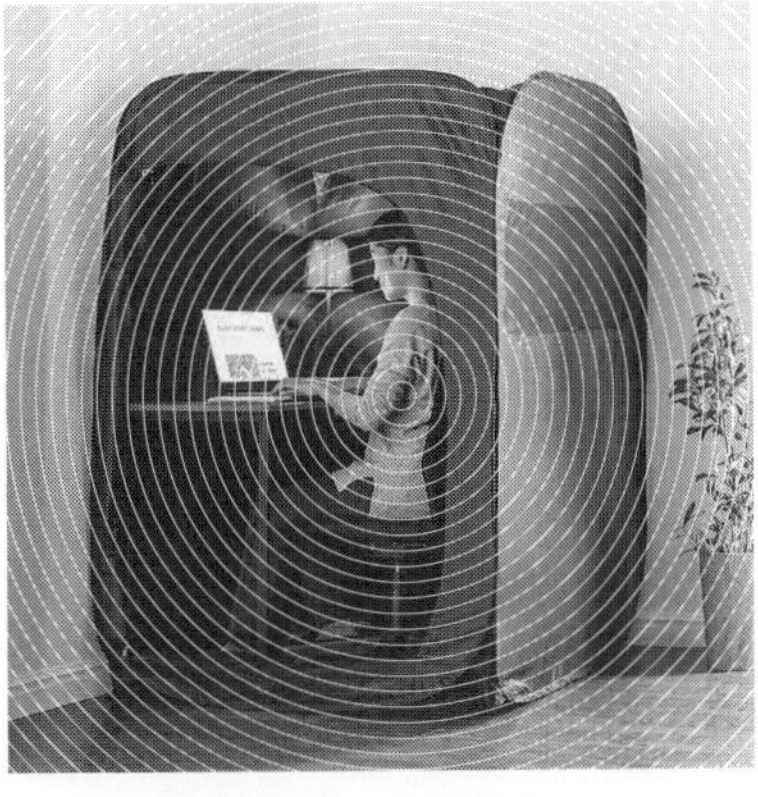

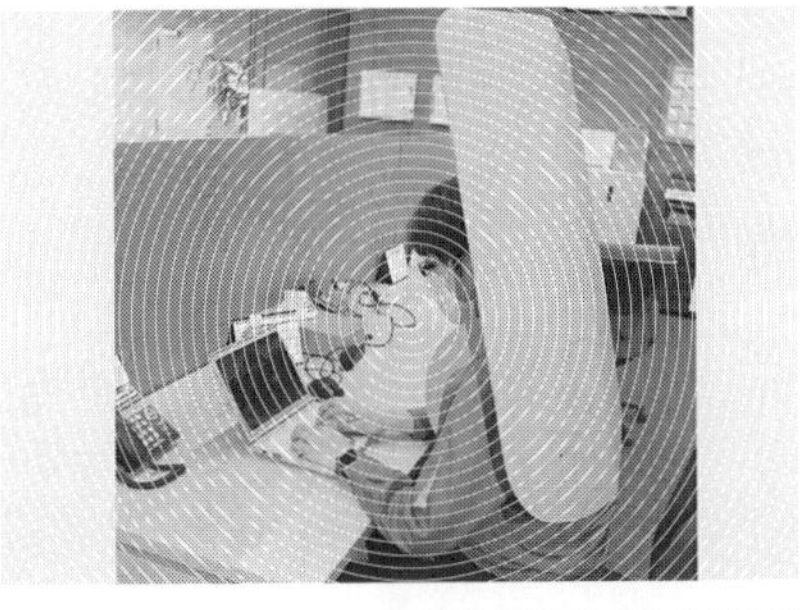

第二部　財界主導の「働き方改革」を問う

牧野　富夫

はじめに

財界主導の「働き方改革」の目的は、以前（九〇年代）から一貫しています。焦点は新卒一括採用・年功賃金・終身雇用からなる「日本的雇用」に代えて「ジョブ型雇用」をこの国の支配的な雇用慣行にすることです（「ジョブ型雇用」とは「特定のポストに空きが生じた際に、その職務（ジョブ）・役割を遂行できる能力や資格のある人材を社外から獲得あるいは社内での公募により対応する」制度のことと経団連『経労委報告』二〇二〇年版は定義）。そうすることで雇用の「流動化・多様化」の加速をねらっています。もっともこれらは「小目的」で、「大目的」は「成長戦略」です。その一環としての「働き方改革」ということになります。しばしば「失われた二〇年」、「失われた三〇年」と言われ、これを乗り越えて日本経済を上向きの成長局面に押し上げること、つまり「成長戦略」が財界主導の「働き方改革」の「大目的」です。労働者が求める雇用の安定、賃金・労働時間など労働条件の改善（ディーセント・ワークの追求）とはまったく異なります。「資本の論理」に立つか「労働の論理」に立つかで「働き方改革」の内容も正反対になります。

コロナ危機下、デジタル化に助けられ、テレワークほかワーケーション、フリーランス、ギクワーカー、クラウドワーカー、副業、兼業など多種多様の目新しい働き方・雇用形態が生まれ拡がっています。このまま推移すれば、数年後には、おそらくもっと多くの働き方・雇用形態が混在するようになるでしょう。財界や政府が二〇三〇年の実現をめざすSociety5.0（「創造社会」）の働き方に対する影響が大きいからです。

Society5.0時代には、労働の多くをＡＩやロボットなど機械が代行し、労働者は人間にしかできない創造的な労働だけをおこなうことになると言われています。そうなれば、相反する二つの事態の発生が予想されます。一つは、経済学者のＪ・ケインズが一九三〇年に予言したように、生産力が著しく伸びた二〇三〇年ごろには一日三時間労働（週一五時間労働）で十分な資本主義になっているかもしれません（これは「抽象的可能性」ですが）。あるいは逆に、労働者の多くがＡＩなど機械に仕事を奪われ、大失業時代になっているかもしれません（これは「具体的・現実的可能性」です）。オックスフォード大学のＣ・フレイやＭ・オズボーンら研究者が「一〇年～二〇年後の日本の労働人口の四九％がＡＩやロボットに置き換えられる可能性がある」（朝日新聞二〇一八年一月七日付）と試算しています。

いまのところ労資双方にひとまず受け入れられている「新しい働き方」の代表格であるテレワーク（＝「タコツボ職場」）にしても、コロナ後には隠れた問題点が表面化し、テレワークをめぐる状況は大きく変わるでしょう。財界系の論者がつぎのような注目すべき指摘をしています。「テレワーク議論の背景は根が深い。具体的にはテレワークの普及に伴い、ジョブ制度、成果報酬制度、自己管理の高度化など、日本のこれまでの働き方と異なる仕組みの整備がテレワークの後ろに列を作って並んでいる」（桑津浩太郎稿『知的資産創造』野村総研二〇二〇年九月号）と。これらを念頭に以下、財界主導の「働き方改革」の正体を、しかと見届けましょう。

1 経団連の「働き方改革」（その1）

経団連（日本経済団体連合会）が二〇二〇年一一月、コロナ下に「。新成長戦略」を発表しました。その一環として「働き方改革」（「働き方の変革」とも。以下「働き方改革」に表現を統一）が位置づけられています。「働き方改革」は「。新成長戦略」のためのもの、つまり「大目的」の「手段」です。なお、「。新成長戦略」の終止符（。）は誤植ではありません。その理由を経団連の中西宏明会長が述べています。「この提言のタイトルは、これまでの成長戦略の路線に一旦、終止符「。」を打ち、「新」しい戦略を示す意気込みを表しており、今後、進むべき大きな方向性を提言しています。決して平易な道のりではありませんが、もはやこれまでの延長線上の漸進的な改革の先には資本主義の未来はないことを覚悟し、果敢に取り組んでいくつもりです」と。

これまで経団連や政府は何度も「成長戦略」を提起し追求してきましたが、今度の「。新成長戦略」（以下「新戦略」とも）はそれらとは違うと強調し、旧来の「成長戦略」の延長では「資本主義の未来はない」とまで言い切っています（財界も資本主義の限界を意識しています）。「働き方改革」はその「新戦略」の一環であります。その意味では第二次安倍政権が提起した「一億総活躍社会」のための「働き方改革」の直接の継承でもありません（根本は同じですが）。

以上のような支配階級の「意気込み」（危機感）を念頭に、経団連の「二〇三〇年の雇用の未来像」（二〇三〇年は国連のSDGsのゴールとされている年でもあります）からみましょう。それは「柔軟な働き方や多様で複線的なキャリアが実現する社会」であるとして、つぎのように説明されています。「デジタル技術の発展により、業務のオンライン化、遠隔化、無人化が進み、定型的業務から創造的業務への移行もあいまって、幅広い業種について時間・空間にとらわれない柔軟な働き方が可能になる。それに伴い時間を柔軟に活用した副業・兼業や、リモートワーク、二地域居住なども普及する」と。

さらに「個人のキャリアの形も変化する。一生の間に大企業、中小企業、スタートアップ、学術界、官庁、NPO等、ときに学びを繰り返しながらさまざまな立場に身を置く、多様で複線的なキャリア形成が普通になる。それによって多様な主体による価値協創が促進され、社会全体の生産性が向上している」という「未来像」が示されています。これを読んで当の労働者が「すばらしい」と感じるでしょうか。「一〇年後が待ち遠しい」と思うでしょうか。そのような「未来像」に共感し絶賛するのは資本家・経営者だけでしょう。

そのような「未来像」は、コロナ以前から財界が温めていた考えです。財界はそれらがコロナ禍を機に現実味を帯びてきたとみているのでしょう。言い換えれば「デジタル化+コロナ危機」で「未来像」に手が届きそうになっているということでしょう。経団連によればDXとは「デジタル技術とデータの活用が進むことによって、社会・産業・生活のあり方が根本から革命的に変わること、また、その革新に向けて産業・組織・個人が大転換を図ること」とされています（『月刊・経団連』二〇二〇年八月号）。しかしDX（デジタルトランスフォーメーションのことで、「デジタル変革」や「デジタル革新」などとも表示されています）は条件次第で人びと＝労働者をハッピーにしたり逆に不幸にしたりするものです。DXに対する幻想は禁物です。

経団連のコロナ下のデジタル活用による「新戦略」のねらいは大きく二点です。一つは「失われた三〇年」から脱却し日本経済を上向きに変えること、もう一つは出生率を上げ、人口を増やし、搾取材料としての労働力の「不足」を解消することです（労働力「不足」といわれていますが、その多くは実は「賃金不足」であり、低賃金ゆえに労働者にそっぽを向かれているだけです。また根本的には人間が主体の経済活動において原料などモノと同列に「労働力不足」は扱うのは問題でしょう。現存の人間・労働力を前提に経済活動はおこなわれるべきです。このような「逆立ち」を生じさせるのが資本主義です）。

経団連の「新戦略」による出生率アップへの期待は大きく、「このような柔軟な働き方やキャリアがあたりまえになっている社会では……出生率が劇的に回復し、わが国経済の持続可能な成長を支えていると」驚くほど楽観的です。

コロナ禍で私たちはいま、以前には当たり前だった職場や学校などで群れたり、口角沫を飛ばして談笑したりすることができなくなりました。そのフラストレーションが経団連の提起する上記のような「時間・空間にとらわれない自由な働き方」という美辞で彩られた「新戦略」の「未来像」についつい魅かれるのではないでしょうか（実は労働者を将棋の駒のように動かす「自由」を資本家・企業がもつ「未来社会」）。「柔軟な働き方」（雇用の「流動化」・「多様化」）が雇用破壊のリスクに満ち満ちていることに注意しましょう。

関連して、経団連二〇二〇年度事業方針の「働き方改革と人材育成」の項で、「デジタル時代に多様な人材が想像力を発揮しながら活用できるよう、テレワークを定着させるとともに、裁量労働制やフレックスタイム制などの拡充・普及、社員の能力や仕事に着目した賃金制度など、働き手のエンゲージメント向上に資する働き方改革へと進化を図る」と述べています。エンゲージメントについては後述します。

2　経団連の「働き方改革」（その2）

前項で「雇用の未来像」（Society5.0の働き方）について、その特徴をみました。「柔軟な働き方」や「多様で複線的なキャリアが実現する社会」が労働者のめざすディーセント・ワークとは無縁であることを改めて確認しました。

ところで、「新戦略」の理念は、「サステイナブル（持続可能）な資本主義」とされています。経団連は、「この成長戦略に掲げたアクションを今すぐできることから着実に実行していく」（要約版の「おわりに」）としています。この「今すぐできることから」には特別の意味があります。コロナ危機が「改革」の背中を押してくれている今、ということです。コロナ危機は「働き方改革」の実現にとって千載一遇のチャンスというわけです。

これに呼応して内閣府の二〇二〇年版『経済財政白書』がサブタイトルを「コロナ危機・日本経済変革のラストチャンス」とし、コロナ下で進んだ柔軟な働き方そして「働き方改革」を称賛しています。東京商工会議所の調査もコロナ禍で二〇二〇年三月中下旬のテレワーク導入企業の割合がすでに二六％となり、六月第一週の調査結果は六七・三％へと急増しています。このようなテレワークの増大がワーケーションなど他の種々のリモートワークを誘発増大させ、副業・兼業そして雇用によらないフリーランスと呼ばれる働き方も拡がっています。フリーランサーの増加が著しく、一年間で五七％も増加し、いまや労働人口の二割を超え、国内フリーランスは一六七〇万人になっています（日本経済新聞二〇年三月三一日付）。

こうして「新戦略」の掲げる「柔軟な働き方や多様で複線的なキャリアが実現する社会」という「雇用の未来像」の前半部分はすでに見通しが立ったと経団連はみています。そこで今後追求すべきはその「後半部分」というのが「新戦略」のスタンスです。

その後半部分の焦点が新卒一括採用・年功序列・終身雇用などに特徴づけられる「日本的雇用」の解体です。財界サイドの人たちは「日本的雇用」を「メンバーシップ型雇用」と嘲笑《ちょうしょう》しています。これは新戦略がめざす「多様で複線的なキャリアの実践」とは正反対の働き方だからです。この「日本的雇用」が「雇用の流動化・多様化」の障害であるとして一九七〇年代の後半から財界や御用学者などが目の敵にしています。

「新戦略」は、コロナ危機という「ラストチャンス」をテコに「メンバーシップ型雇用」を打破しようと懸命です。経団連がめざすＤＸによるSociety5.0にとっても「日本的雇用」が障害とされ、コロナ危機下、新卒一括採用・年功序列・終身雇用が攻撃されています。「新卒一括採用」を避け、「企業が求める能力を明確にし、在学中から専門性の向上を促すジョブ型採用の導入」が増えている例として、「ＫＤＤＩは二一年春の入社者のうち四割に当たる一二〇人をジョブ型雇用とした（日本経済新聞二〇年一一月二四日付）と報じています。ついで年功序列に対してですが、急増した在宅テレワークの労働時間管理が困難だとして年功賃金の「成果主義賃金」への切り替えがおこなわれています。もう一つ終身雇用に対してですが、非正規雇用は温存し、解決すべきは「正社員問題」であるとして、在来の正社員の「職務限定正社員」化・「地域限定正社員」化・「時間限定正社員」化など、終身雇用の切り崩しがあの手この手で強められています。

「日本的雇用」には性差別や非正規差別など問題点もありますが、問題点は改め、雇用を比較的安定させ、生涯の生活設計を立てやすくする長期雇用の利点は断固守り抜くべきです。このように雇用面でも顕著な経団連の「新自由主義」的対応は問題です。テレワークなど「タコツボ職場」の拡がりで労働者の分断化が進むいま、いかに労働組合活動など労働者の自主的な運動を強めるかが、ますます重要になっています。

3　資本主義下の労働と「働きがい」（エンゲージメント）

このところ、経団連・企業がさかんに「エンゲージメント」という「働きがい」論・「やりがい」論を強調し、方々でふりまいています。資本主義下の労働には、資本家のために剰余価値（利潤）を生産する側面と、国民の生活に必要な使用価値（モノやサービス）を生産・提供する側面の二面があります。経団連・企業はこの二側面のうち剰余価値の生産（搾取）の側面は極力隠し、もっぱら使用価値生産の側面を強調しています。労働者のエンゲージメントを引き出し高め、労働生産性を向上させ、結局は利潤の極大化を求めてのことです。

そもそも労働とは、自然などの労働対象を、目的にそって（目的意識的に）、役立つモノ（有形のモノだけでなくサービスも）へと、道具（労働手段）を使って変える営みです。蜘蛛が巣をつくるのは、目的意識的＝合目的的にではなく、道具を使わない本能的な営みであり、私たち人間の労働とは決定的・質的に異なります。

人間も動物の一種です。人間を他の動物から区別するうえで決定的な違いは、「労働するかどうか」の一点に絞り込まれます。四本足で移動していたサルの一種が、前足で木の実を採ったりしているうちに、やがて前足が歩行から解放され、手となり労働できるようになったのでした。言語も労働の必要から生まれました。「労働が人間をつくった」というF・エンゲルスの卓見は、このことを指しています。

人間は労働することなしには生きてゆけません。労働せずに生きている人間群が一方にいても、それが可能なのは他方に労働する人間群が存在するからです。人間の全部が長期にわたって労働を止めれば人類は滅びます。このように労働が人間をつくり、労働が人類を存続させています。だから人間の本質は労働といえます。人びとが労働に「働きがい」や「やりがい」を覚える根本の理由はここにあります。

しかし、労働に「働きがい」や「やりがい」を感じることができるかどうかは、労働をとりまく条件に大きく左右されます。A・スミスは労働を「骨折り・苦痛だ」と主張しました。これとは逆にS・フーリエは「楽しみ・よろこび」と評しました。スミスは資本主義の労働を想定し、フーリエは「空想的社会主義」の労働を想定していたため、このような違いが出たのでしょう。ただ資本主義の労働であっても、その結果である生産物・サービスが消費者の欲求を満たすことができれば、労働者はその労働にも一定の「働きがい」・「やりがい」を覚えるでしょう。ここに着目し強調した資本による今日版「労働者操縦法」が経団連のエンゲージメントといえます。

経団連は「働き方改革のさらなる深化」として「経営環境が変化する中で、働き方改革をいっそう推進し、労働生産性を向上させていくことが企業にとって大きな課題となっている」と述べています（『経労委報告』二〇二〇年版）。そのための新しい手法としてエンゲージメントを提起し、つぎのように説明（定義）しています。「エンゲージメントとは、働き手にとって組織目標の達成と自《みずか》らの成長の方向が一致し、仕事へのやりがい・働きがいを感じる中で、組織や仕事に主体的に貢献する意欲や姿勢を表す概念と考えられる」と。

みてのとおり、「組織と仕事への貢献・献身」が強調されています。会社・企業（組織）への帰属意識と仕事への興味という二重のエンゲージメント（愛着心・思い入れ）が求められています。同報告はアメリカのGallup社の調査結果も引用し、「エンゲージメントが高い企業は、低い企業に比べて、収益性が二一％、労働生産性が一七％高くなる」と述べています。

また経団連は、「労働者のエンゲージメントを高める経路（手法）」として五点を挙げています。第一は「自分の仕事が社会に役立っているという意識の醸成」、第二は「ダイバーシティ経営の推進」、第三が「人事・賃金制度の再構築」でとくに「日本的雇用」の「ジョブ型雇用」への切り替えです。第四が「チャレンジングな仕事への挑戦」、第五が「定型的な仕事はＡＩやロボットに任せ、付加価値の高い仕事への挑戦意欲の醸成」です。

以上の五点は、仕組まれた「働きがい」をテコに、搾取強化をねらうもので、内実は新しくありません。デジタル化・グローバル化という時代背景が在来の「働きがい」に「エンゲージメント」という新しい衣を着せているということでしょうが、軽視は禁物です。

4 「新しい働き方」としてのテレワーク

財界や政府の「働き方改革」のプログラムにはもともとテレワークが位置づけられています。しかし、それが多くの企業で導入されるようになったのはコロナ危機下であります。理由は明白でテレワークなら労資双方がコロナ感染を避けつつ企業活動・労働を続けることができるからです。ただとくに在宅テレワークは「タコツボ職場」とならざるをえません。これがテレワークをめぐって諸問題を発生させる土壌・根本といえます。ここでは、テレワークの経過をトレースしながら、コロナ収束後の働き方としてテレワークをどうするか、考えます。

改めてテレワークとは何か、厚生労働省によれば、「労働者が情報通信技術（ＩＣＴ）を利用しておこなう事業場外勤務」です。「事業場外」とは本社などオフィス以外の、①労働者宅、②サテライトオフィス（分散オフィス）、③モバイル（移動先）のことです。実際は①が圧倒的に多く、したがってここでも①を念頭に考えます。

在宅勤務では自宅が生産手段の一部となり、その生産手段を労働者が企業＝資本家に提供する形になります。資本主義生産では生産手段を所有する資本家が、それを使って労働する労働者を雇い入れます。しかし、在宅テレワークでは労働者が自宅の一部を企業の生産手段として、つまり職場として多くは無償で提供しています。企業にとっては有難い話ですが、労働者にとっては自宅の「生活の場」と「労働の場」への二重化であり、家族でさまざまな軋轢《あつれき》を生みがちです。住宅事情が悪いこの国ではなおさらです。ワーク・ライフ・バランス論はワークとライフの時間のバランスの適正化をアピールしていますが、その前提としてワークとライフの場所が分離されていなくてはなりません。それゆえ在宅テレワークはワーク・ライフ・バランスを根本のところで否定・破壊する働き方なのです。

にもかかわらず、コロナ危機下、テレワークが急速に広がっています。二〇二〇年七月段階で「資本金一億円以上の企業のテレワーク導入率は五五％、一億円未満企業では二六％」（東京商工リサーチ調べ）でした。その段階でもテレワーク導入を検討中の企業も含めれば、大企業では優に八〇％を超えていました。それが九月末時点では九〇％を超えました。

いまやテレワークの普及・広がりは大企業だけではありません。「現場重視の町工場でもテレワークを導入するケースが増えています。職人が自宅で溶接作業をこなしたり、オンラインで商談を進めたり、コロナ禍で経営環境が厳しさを増すなか、町工場も『新常態』を模索している」。「東京都が都内の企業約四〇〇社を対象に実施した調査によると従業員数三〇～九九人で二〇年三月時点にテレワークを導入していたのは一九％だったが、四月に五四％となった。従業員一〇〇～二九九人の企業でも四月で七一％に達した」(日本経済新聞二〇年七月四日付)。このように二〇二〇年の三月から四月に向け一カ月でテレワーク導入率が急上昇しています。

このようなテレワークの実施企業の増大の理由・背景は明白です。四月七日に東京、大阪など七都府県に緊急事態宣言が発せられ、つづく一六日にそれが全国に拡大され、政府の外出自粛要請(ステイ・ホーム要請)のもと、従来どおりオフィスで仕事を続けることが困難になり、「緊急避難」的に在宅テレワークの利用に至ったということでしょう。その間、職種柄(仕事の内容から)テレワーク導入ができなかった飲食店・小商店などは休業・廃業・倒産に追い込まれ、経営者と労働者ともども職を失っています。テレワークを導入できるかどうかが分かれ目で、テレワークが「救世主」にみえるような状況が醸成されています。

部分的にせよ、すでに以前からテレワークを実施していた企業は、突然のコロナ禍に対して比較的スムーズにテレワークで働く労働者を拡げ、カルビーでは「二〇一四年から在宅テレワークを導入していたが、本社で働く全社員八〇〇人を原則、在宅勤務としたのは三月下旬から」(日本経済新聞二〇年八月一八日付)でした。電機業界に在宅勤務が導入されたのは、「日立が最初で一九九九年五月からです。二〇二〇年は、新型コロナ対応で出勤率を下げる行政要請を積極的に受け入れ、多くの企業で労使協議ができていない状態で在宅勤務を始めました(谷口利夫『季刊・金属労働研究』二〇年秋号)。この二社にかぎらず、情報通信技術の活用が進んだ企業では、コロナ対策としてのテレワークの導入・拡大が素早く、ここにも企業規模間の格差(デジタルデバイド)が顕著です。

そこでテレワークに対する労資の見方・評価の差はどうでしょうか。ここでは厚生労働省「テレワークにおける適切な労務管理のためのガイドライン」を中心にみていきます。まずメリットと労働者が感じること（テレワーク従事の労働者が感じる効果）は、①「通勤時間、通勤に伴う精神的・肉体的負担の軽減」、②「業務効率化、時間外労働の削減」、③「育児や介護と仕事の両立の一助となる」、④「仕事と生活の調和を図ることが可能」などを挙げています。これに対して企業側（企業経営者、推進担当者の感じる効果）は、①「業務効率化による生産性の向上」、②「育児・介護等を理由とした労働者の離職の防止」、③「遠隔地の優秀な人材の確保」、④「オフィスコストの削減等」をメリットとして挙げています。

さらに、テレワークの「問題点・課題」についてです。

まず労働者サイドからみましょう。①「仕事と仕事以外の切り分けが難しい。長時間労働になりやすい」、②「仕事の評価が難しい」、③「書類や資料が分散する」、④「周囲の雑音が仕事の邪魔になる」、⑤「上司等とのコミュニケーションが難しい」などであります。

これらの調査結果のほとんどが予想どおりです。これも参考に在宅テレワークの功罪を考えましょう。コロナ危機下、労働者の出勤が困難ななか、当然ながら在宅テレワークの存在感が急速に大きくなりました。テレワークという働き方に助けられて企業活動を継続できたことは確かです。ウイズコロナ状態が続くかぎり、テレワークの継続が必要でしょう。このかぎりでは見解はあまり分かれないでしょう。問題点は、労働者の要求にそって改善することです。

課題は、ポストコロナでもテレワークという働き方を続けるかどうか、です。在宅テレワークの最大の特徴は「タコツボ職場」であることです。言い換えれば「反チームワーク」が「タコツボ職場」の特徴です。これでは企業の立場で考えても労働の生産性は上がりません。これを察知した伊藤忠が「オフィス回帰」に舵《かじ》を切りました。二〇二〇年八月まで原則テレワークであったにもかかわらず、「商売は人と会うのが基本」ということで「オフィス回帰」の舵を切ったということです（日本経済新聞二〇年一〇月二日付）。また、ＩＴベンチャー Asian Bridge でも「リモートワークでチーム力低下の恐れがあるので、働く仲間と本音でつながろう。コロナの影響で大きな変化に直面する今こそ、仲間とつながる効用に眼を向けるべきだ」（朝日新聞二〇年一〇月八日付）と強調しています。このような企業はいまのところ少数派のようです。しかし、そのようなことではコロナ収束後の日本経済に持続可能性は期待できません。労働には「リアルなチームワーク」が必須の要件であることを強調しておきます。

それだけではありません。「はじめに」で紹介したように「テレワーク議論の背景は根が深い。具体的にはテレワークの普及に伴い、ジョブ制度、成果報酬重視、自己管理の高度化など、日本のこれまでの働き方と異なる仕組みの整備がテレワークの後ろに列を作って並んでいる」のです。これは経営サイドの論者の指摘ですから、その意味で「重み」があります。その指摘を翻訳すれば、コロナ対策としてのテレワークが、経営者待望のジョブ制度、成果主義管理、エンゲージメントなどを実現・導入できる足場を築いてくれた、企業のための「働き方改革」の千載一遇のチャンスを与えてくれた、ありがたい、ということです。その罠にかかるのは愚の骨頂です。

「タコツボ職場」（在宅テレワーク）の最大の問題点は、労働組合活動など労働者の自主的な活動が困難になることです。いまや日本の労働組合の組織率（労組加入率）は一六％にまで低下しています。在宅テレワークの常態化は要警戒です。

おわりに

いま財界主導（実際は財界・政府一体）で進められている「働き方改革」は、Society5.0（「創造社会」）構築の不可分な一環とされています。「働き方改革」にかぎらず、「教育改革」など各種の財界主導のカッコ付きの「改革」がSociety5.0構築の一環として進められています。そのため小論の締めくくりとして、Society5.0とは何か、を財界や政府の定義・主張をふまえて明らかにしましょう。

内閣府のホームページによれば、Society5.0とは「サイバー空間（仮想空間）とフィジカル空間（現実空間）を高度に融合させたシステムにより、経済発展と社会的課題の解決を両立する人間中心の社会である」とされ、狩猟社会（Society1.0）、農耕社会（Society2.0）、工業社会（Society3.0）、情報社会（Society4.0）に続く、新たな社会を含意しています。

さらに、内閣府の「第五期・科学技術基本計画」によれば、Society5.0を「超スマート社会」だと称して、その「超スマート社会の姿」をつぎのように描き出しています。「必要なもの・サービスを、必要な人に、必要な時に、必要なだけ提供し、社会の様々なニーズにきめ細かに対応でき、あらゆる人が質の高いサービスを受けられ、年齢、性別、地域、言語といった様々な違いを乗り越え、活き活きと快適に暮らすことのできる社会」であるとされています。

これを読んで、かつて俗に「社会主義の分配原則は〝能力に応じて〟であり、より高次の共産主義の分配原則は〝必要に応じて〟である」と言われていたころの「共産主義社会の分配原則」を想起させられます。その「超スマート社会」が生産手段の私的所有が支配的な資本主義のもとで実現するというのですから、これはもうまともな議論とはいえません。

なぜこのようなSociety5.0という「夢物語」がふりまかれているかといえば、「地球の死」を恐れた国連のＳＤＧｓ（持続可能な開発目標）との関連が浮かび上がってきます。二〇一五年に国連で採択されたＳＤＧｓは、破局的な事態をもたらしかねないグローバルな環境破壊や格差・貧困の拡大の危機に対して二〇三〇年を目標に「持続可能な社会・経済・環境」を実現し、グローバルな危機を克服することをめざしています。これに呼応し日本政府も二〇一六年一月に前記の「第五期・科学技術基本計画」を閣議決定し、その「計画」に「世界に先駆けた『超スマート社会』の実現（Society5.0）」が盛り込まれました。それを受けて（同じ二〇一六年四月）、経団連が「新たな経済社会の実現に向けて～『Society5.0』の深化による経済社会の革新～」を発表し、Society5.0が政府と財界の公式の合作となり、この怪しげなが概念がとくにコロナを機に広く徘徊するに至っているのです。

これに対して、傾聴すべきリベラル陣営の論調が昨今盛んです。たとえば雑誌『世界』（二〇二一年五月号）が特集1として「人新世とグローバル・コモンズ」、特集2として「貧困と格差の緊急事態」を組み、読み応えがあります。またリベラルの枠を越えて『週刊・東洋経済』（二一年四月一〇日号）が「環境・格差・大乱世の思想ガイド」として「マルクスｖｓケインズ」を特集しています。こうしていまや地球への人びとの関心がコペルニクスの地動説以来の高まりをみせています。しかし事態の重大性は地動説の比ではなく「地球の死」です。「資本主義が地球を破壊し尽くす前に社会主義を」という主張が左翼だけのものではなくなっています。この風潮に水をかけるべく登場したのが「Society5.0」論のはずですが、水のつもりが油をそそいでいるパラドクスにSociety5.0推進の面々はお気づきでないようです。

【編著者紹介】

牧野富夫（まきの・とみお）

1937年熊本県生まれ。日本大学名誉教授（副総長などを歴任）。

労働運動総合研究所顧問

平和・民主・革新の日本をめざす全国の会（全国革新懇）代表世話人

〈著書〉

『労働問題』（総合労働研究所）

『人間らしい生活と賃金』（新日本出版社）

『社会政策の現代的課題』（共編著、御茶の水書房）

『格差と貧困のわかる20講』（共編著、明石書店）

『H.A.クレッグ著・イギリス労使関係制度の発展』（共訳、ミネルヴァ書房）

など

検証・テレワーク

―「働き方改革」との関連から考える―

2021年6月30日　初版　　定価はカバーに表示

牧野富夫　編著

発行所　学習の友社

〒113-0034　東京都文京区湯島2－4－4

TEL03（5842）5641　FAX03（5842）5645

振替　00100-6-179157

印刷所　モリモト印刷

ＩＳＢＮ　978－4－7617－1035－4　Ｃ0036